SUPERSAGGI

BIBLIOTECA UNIVERSALE RIZZOLI

Luca Goldoni

VAI TRANQUILLO

Biblioteca Universale Rizzoli

ISBN 88-17-11522-3

prima edizione BUR Supersaggi: marzo 1990

Avevo vent'anni e davo una mano in un quotidiano a Parma: mi facevano fare qualche notizia e in cambio mi elargivano il tesserino per andare al cinema gratis. Un giorno udii un ispettore che cercava un ragazzo che portasse in moto i pacchi del giornale alle edicole della Bassa, lungo il Po. L'idea mi folgorò e mi candidai. Vuoi fare il giornalista o il giornalaio? mi chiese quello, perplesso. Risposi che col tesserino del cinema non ci campavo.

Firmai una pila di cambiali e acquistai una vespa. Mi alzavo alle cinque, passavo all'agenzia di distribuzione, sistemavo i rotoli dei quotidiani sulla pedana e partivo imbacuccato, con le mani infilate nei gloriosi manicotti del dopoguerra, fatti con pelle di coniglio.

Un centinaio di chilometri al giorno, un paesaggio calmo e solenne, gli alberi fioriti di brina come abeti natalizi, i ponti di barche come file di ciabatte da una sponda all'altra del Po, gli argini su cui traballava la topolino del veterinario, le piazze con gli uomini intabarrati, già in piedi prima del sole, i piccoli bar dove si buttavano giù le grappe in un colpo solo, un'ombra di inquietudine per il grande fiume che frusciava gonfio e sinistro contro il terrapieno addossato alle case.

Servite le edicole, mi fermavo a parlar con la gente, ascoltavo le storie e scrivevo su quel pianeta padano su cui sbarcavo ogni mattina. Il mestiere di cronista lo cominciai da fattorino.

È passata una vita e mi ritrovo coi polpastrelli lisci: è inutile che mi prendano le impronte digitali, le ho lasciate sulle macchine per scrivere.

Una signora mi ha chiesto se non mi viene il sospetto d'esser troppo prolifico. Ho riflettuto e ho concluso che non considero «libri» quelli che faccio io. Diciamo che è uscito un altro «numero» di quella pubblicazione cui attendo da quasi vent'anni. Esistono i settimanali, i mensili, i trimestrali e ci sono appunto anche i numeri con cadenza annuale. Non ho dei lettori ma degli abbonati: qualcuno disdice l'abbonamento, qualcuno tiene botta. Parlo sempre delle stesse cose. Sono le cose di cui parlo che cambiano. Comportamenti, linguaggio, miti: tutto in Italia corre su una moviola accelerata. Le uniche cose che non cambiano sono la nutella e le elezioni anticipate.

Non ho mai scritto un romanzo: non mi piace inventare personaggi per attribuirgli esperienze mie e, siccome non mi piace, non ne sono capace. Preferisco raccontare la mia vita in diretta. Questa scelta ha delle curiose controindicazioni. Da ragazzo stavo circuendo una fanciulla, raccontandole cose fascinose. Lei mi interruppe: sì, però questo l'hai già scritto. Anche adesso, quando si fa conversazione e la palla tocca a me, capita che cominci a narrare un episodio, un'esperienza e che sorprenda in qualcuno un'espressione cortesemente annoiata: l'ha già letto, sa come va a finire. E m'accorgo che spremendomi come un limone su libri e giornali mi sono giustamente precluso i piaceri dell'intrattenimento: posso considerarmi al massimo un brillante ascoltatore.

Non tutta la mia vita metto in piazza: due terzi o tre quarti. Di quella che resta ho pudore: ci sono pensieri che uno non confessa neanche a se stesso. Non perché siano moralmente inconfessabili, ma perché ci prendono in contropiede, ci fanno improvvisamente sembrare degli altri, diversi da quelli che credevamo di essere. Le verità sono delle scatole cinesi: quando credi di aver spietatamente analizzato un tuo perché, scopri che c'è una scatola più piccola con un segreto ancora più sottile.

Sono un «superficiale», come qualche volta mi sento dire? Diciamo che mi sono specializzato nell'osservazione di certi comportamenti individuali e collettivi. Il comportamento è un fatto visibile, a volte clamoroso, di superficie. Ma si può definire il dermatologo più «superficiale» del cardiologo?

E poi devo confessare che da anni mi sono dedicato, più che alle cose da dire, al «come» dirle. Mi plagiò un professore di liceo: se hai poco da dire ma sai dirlo, otterrai di più di chi sa tanto, ma non lo sa dire.

Certo ci sono autori che traboccano di cose e le sanno dire. Li invidio, anzi non li invidio per niente, perché non hanno mai tempo — assatanati, come sono, dalla loro bravura — di far tutte quelle cose da comuni mortali che piacciono a me, per esempio andare a vela, vivere molto con gli amici, costruire piccole jeep radiocomandate, trascorrer ore incantevolmente inutili, viaggiare in latitudini dove nessuno sa chi sei, e vieni valutato al momento per quello che dici o che fai.

Quando sento dire: fortunati quelli che fanno un mestiere che gli piace, perché son sempre in vacanza anche quando lavorano, penso che invece siano dei disgraziati di lusso. Bisogna odiare sempre un po' il proprio lavoro, quel tanto che serve a staccarsene, a cambiar marcia, a cogliere altri aspetti della vita. Avevo degli amici che ora evito: non riescono a conversare su nulla che non sia ciò che hanno appena fatto o hanno in progetto di fare. C'è qualcosa di candido e di abominevole in questo loro monocentrismo.

Faccio molta fatica a scrivere. Per questo, appena ho finito, scappo via come se avessi finito il compito. Quando qualcuno mi fa interessantissime proposte di lavoro extra, m'invento scuse balorde, per esempio che sto partendo per l'Australia. Una volta uno mi disse: è la terza volta che lei quest'anno va in Australia, perché non cambia continente?

Qualcuno mi accusa di fare dei libri che sono raccolte di articoli: un po' è vero e un po' no. Certo, quando scrivo per il giornale, penso sempre che potrebbe essere il capitolo di un libro. Alla fine di un anno ho molto materiale grezzo sottomano. Lo rileggo e m'accorgo che la pagina di un libro ha un respiro diverso da quella del quotidiano. Allora bisogna assemblare il testo: aggiungere, capovolgere, ricucire, buttar via tutto salvando solo una frase e, attorno a quella frase, scrivere una pagina nuova.

Se non fossero miei, comprerei i miei libri? No. Mi piacciono le biografie, certi romanzi e gli autori che fanno morir dal ridere, per esempio una volta Achille Campanile, e poi Salinger, James Thurber e il primo Woody Allen. Però, quando incontro qualcuno che mi dice la leggo perché anch'io ho provato una sensazione simile, non mi dispiace l'idea di scrivere e riflettere per conto terzi.

Il contenitore di un diario è sempre quello: martedì, giovedì, domenica, gennaio, aprile, settembre. Però non c'è un giorno della vita che sia identico a quello prima. Per questo mi accontenterei che nelle recensioni si dicesse: l'autore racconta un altro anno: era più incisivo il racconto del 1984, oppure, meglio questo dell'86.

L'anno scorso ho scritto un libro di viaggi, ma con questo sono subito ricaduto in quell'immobile viaggio che compio da anni per il mio Paese. Ogni tanto, per scusare l'Italia, diciamo che è ancora giovane, acerba, in definitiva ha poco più di cent'anni. Il guaio è che non li dimostra.

L'altra settimana sono andato dall'elettrauto. Ha trafficato nel cofano, poi ha detto: sono le candele. E le ha cambiate. Io ho detto: secondo me era lo spinterogeno. Ha sorriso: vada tranquillo. Non dimenticherò quella notte, sul Falzarego.

Una volta si diceva *stai* tranquillo. Poi il verbo è cambiato, da stato in luogo a moto a luogo: *vai* tranquillo. Potrebbe sembrare un'inezia e invece non lo è.

Stai tranquillo aveva un significato rassicurante, protettivo, dolce anche se ingannatore. Dovevano star tranquille le madri mentre sgassavamo via in motocicletta, dovevano star tranquilli i figli che si rompevano la testa, vedrai che non è niente.

Vai tranquillo significa ben altro: è un modo di liquidare un argomento, di scaricare una richiesta o una responsabilità con un'iniezione di frettoloso ottimismo, un monumento alla precarietà. Ma andar tranquilli è anche un verbo che paga.

Quando, ad esempio, scoppiò lo scandalo del metanolo, annichiliti dalle allucinanti proporzioni che assumeva di giorno in giorno, fummo rincuorati dall'ira terribile dello Stato offeso. L'escalation delle imputazioni era impressionante. Prima omicidio, poi omicidio plurimo, poi strage, forse avrebbero tirato fuori anche il genocidio.

Andai a intervistare uno degli avvelenatori, un romagnolo. Mi parve calmo, quasi fiducioso. Appurai che aveva una solida consuetudine con le manette: tutti gli anni, invece di andare alle Mauritius, andava in galera. Poi usciva e tornava a macinare soldi. Andava tranquillo anche stavolta, c'era un illustre precedente che lo confortava. Per chi non ricorda riassumerò brevemente.

1966. Si smaschera il vino del commendator Bruno Ferrari (briscola che vino, diceva il carosello): contiene cosucce di questo genere, acido cloridrico, ferrocianuro, datteri putrefatti, banane marce, ecc. Anche allora vi furono avvelenamenti, anche allora fu avvelenata l'immagine dell'Italia all'estero.
1967. La procura indaga su 320 persone e ne incrimina la metà per associazione a delinquere, frode alimentare, ecc.
1969. Comincia il processo che viene subito rinviato per un supplemento di istruttoria.
1972. I rinvii a giudizio sono saliti a 493. Si ricomincia il processo? No. Il tribunale di Ascoli denuncia mancanza di personale, bisogna aspettare che arrivino i rinforzi.
1978. Un'amnistia riduce il numero degli imputati a 150.
1980. Dopo sei anni dalla richiesta arrivano i rinforzi al tribunale di Ascoli e viene fissata la prima udienza. Ma un avvocato eccepisce che il decreto di citazione è sbagliato. Bisogna riscriverlo.
1986. Stanno ancora riscrivendo il decreto.

Qualcuno, in Parlamento, dedito all'archeologia, scopre per caso che esisteva un caso Ferrari, scoppiato vent'anni prima e presenta un'interrogazione. Il ministro di Grazia e Giustizia risponde, impeccabile: «Ulteriori vicende del Tribunale, oberato dalla celebrazione di lunghi e complessi procedimenti, non hanno consentito di rifissare il processo Ferrari».

Omicidio, strage, genocidio. Vai tranquillo, Stato che abbaia non morde.

Secondo esempio. Da anni leggiamo che vengono stanati superevasori che non pagavano una lira. Anche in questo caso la repressione si annuncia apocalittica: multe di un ordine di grandezza stellare, migliaia di miliardi, forse si risana il bilancio dello Stato. Ogni tanto incontriamo qualcuno di questi individui inceneriti dalla spada fiammeggiante della giustizia. Guidano berline di sei metri, come prima. Sono in partenza per il Kenia, come prima. Scherzano con gli amici, come prima. Mentre i loro avvocati eccepiscono, si oppongono, ricorrono. In attesa di condoni, amnistie, prescrizioni. Van tranquilli anche loro, perché no?

In Italia abbiamo pure risolto un'annosa piaga sociale. La chiamavano la sindrome del lunedì, o più precisamente il «lunedì d'la cagna». Il giorno più nero della settimana in cui l'umanità è ancora rimbambita per le follie liberatorie della domenica, la produttività cala, l'assenteismo cresce. Anche il presidente della General Motors una volta si occupò di questo maledetto giorno: non comprate le automobili che fabbrichiamo di lunedì.

Fino a poco tempo fa, il lunedì mattina, negli ambulatori presi d'assalto i medici mitragliavano certificati fasulli, forte emicrania, indigestione, sciatalgia, e il lavoratore marcava visita. Ora non c'è più bisogno di questi bassi trucchi da naja. L'Inps ha deciso di assumersi l'onere per i postumi delle sbornie ed è sufficiente che il medico — in pace con la coscienza sua e quella del malato — certifichi: stato di ebbrezza. Si sono messi a bere anche gli astemi.

Se un Paese sgovernato, improvvisato, derogato, amnistiato, pentito sopravvive confortevolmente e batte l'Inghilterra nella graduatoria dell'opulenza mondiale è perché va tranquillo. La formula funziona. È una filosofia, un motto, un inno nazionale. Anche un'epigrafe? Ma no: vai tranquillo sull'ali dorate.

GRADISCE UN CONVEGNO?

Prenotare, informa il Dizionario Garzanti, viene da *praenotare* (tardo latino). «Tardo» significa che è un neologismo della decadenza, in fondo sgradevole come quelli di oggi, obliterare, ottimizzare, ecc. Voglio dire che i veri latini, quelli che amiamo, andavano dall'oste, a teatro, in ferie (*feriae*) o al Colosseo senza prenotare, perché il verbo ancora non esisteva.

Oggi, se non sei prenotato, è inutile che esci di casa. Entri al ristorante, ti bloccano subito, lei ha prenotato? E se non hai provveduto a questo elementare dovere istituzionale, allargano le braccia con sbrigativa cortesia.

Anche dal barbiere bisogna prenotare e, siccome mi riduco sempre all'ultimo, quando mia moglie dice che faccio paura, il mio vecchio barbiere in via del tutto eccezionale mi offre un'opzione: o stasera verso le 22, dopo *Dallas*, oppure domattina alle 7 e un quarto, bussi alla saracinesca. L'altra sera, a un ricevimento in casa di amici, c'era un tizio che teneva banco. Chi è?, ho domandato. È uno che ha prenotato la Thema Ferrari. Fine della delucidazione.

In questi giorni di feste ho tentato di rimediare un programma per la mia famigliola, telefonando di qua e di là. Ma signore, mi dicevano con educato rimprovero, abbiamo chiuso le prenotazioni a metà agosto: se vuole la mettiamo in lista di attesa per le festività dell'anno prossimo.

Tracimo ammirazione per chi pianifica e prenota

il suo avvenire, io a malapena riesco a tener dietro al presente. È chiaro che so in anticipo certe cose, per esempio che farò un determinato viaggio. Ma la macchina, se Dio vuole, non si prenota. Però accade che arrivi un tempo da lupi e sia più prudente partire in treno. Guardo l'orario, c'è un bel rapido prenotazione obbligatoria. Mi precipito alla stazione, sportello prenotazioni. Mi spiace, signore, dice l'impiegato, le prenotazioni sono chiuse. Ma mancano cinque ore alla partenza, esclamo. Infatti, signore, non si accettano più prenotazioni nelle ultime cinque ore e son già trascorsi quattro minuti dal termine ultimo. Ma allora a che cosa le serve il computer — dico esasperato. In questo, risponde inaspettatamente mite, ha ragione lei, ci hanno dotato di computer ma è come se ci avessero dato una Lotus per correre un gran premio a rimorchio di un trattore.

Se devi andare in America, ti sanno dire in tempo reale se c'è posto sul Roma-New York e, successivamente, sull'aeroplanetto New York-Newport. Se devi prendere un rapido da Milano a Bologna devi correre sulla pensilina al momento della partenza, sgomitare tra un'orda che assedia il capotreno il quale, intirizzito e di pessimo umore, elargisce posti a sedere tracciando crocette sul ridicolo tabulato del computer. La prenotazione obbligatoria si paga in treno (con il supplemento) fra disgraziati controllori che, invece di controllare, compilano acrobatici biglietti molleggiando sulle gambe e rovinando sui passeggeri quando si passa sugli scambi.

Con i viaggi aerei, dicevo, non c'è problema. Basta telefonare, una voce gentile chiede nome e numero telefonico e conclude: confermato.

È così semplice che i grandi uomini dalle grandi scrivanie dittafonano alle segretarie: mi prenoti per Milano, Palermo, Genova, Torino e Venezia, decido all'ultimo momento.

Se mi capita di prenotare un volo e di cambiar programma, ritelefono per disdire la prenotazione. Ma dal modo con cui mi ringraziano, deduco di essere un caso raro: i re della prenotazione non hanno tempo per disdire, tanto non si pagano penali. E così mi succede a volte di volare su aerei straprenotati e semivuoti perché i padreterni che hanno requisito tutto il volabile hanno deciso solo all'ultimo momento di andare a Torino, o a Genova, o all'inferno.

La mia esistenza è in lista di attesa. Sono un accattone che campa sui cambiamenti di umore dei grandi Prenotatori che hanno sequestrato il futuro fino al Duemila.

Leggo, in una corrispondenza da Pechino, che gli uomini di affari occidentali non trovano posto negli alberghi, tutti riservati dalle comitive turistiche e allora vengono accolti «in qualche casolare di campagna» oppure «rimediano un letto negli ospedali».

Francamente non capisco l'importanza o la singolarità della notizia. Io, quando arrivo a Roma o a Milano, sarei molto contento di trovare un letto in un casolare di campagna o in un reparto di ospedale. Invece non trovo un letto e basta. Trovo solo un posto in treno o in autostrada per tornare indietro.

I cittadini qualsiasi, gli infimi cittadini che viaggiano a titolo personale, non trovano più una stanza d'albergo a Milano, Roma, o Rocca di Sotto perché tutte le stanze sono occupate o prenotate in occasione della Fiera o del Salone dell'Edilizia, dell'Abbigliamento, dell'Agricoltura, dell'Alimentazione, del Mobile, del Soprammobile, del Cotone, dell'Ago e della Cruna dell'ago.

Generalmente, per non trovare una camera, si spendono dalle 40 alle 70mila lire di teleselezione. Il centralino dice attenda prego e passa il ricevimento che dice spiacenti, siamo completi. Però prima di dirlo a te devono dirlo a quelli che hanno chiamato prima, e così, in attesa di risponderti, mettono il *Bolero* di Ravel.

Quasi tutti i grandi alberghi usano il *Bolero* di Ravel perché la sua esecuzione completa dura 43 minuti. L'altra mattina mi sono ascoltato 15mila lire di bolero, poi il ricevimento mi ha chiesto: doppia o singola?, e per quando le interessa? Mi si è aperto il cuore, mi è mancata la voce e ho esalato: per stasera, singola o doppia non ha importanza. Allora la voce ha detto: spiacente, per le prossime tre settimane siamo completi.

Perché mi ha illuso? continuo a chiedermi. Poi considero che forse è stata soltanto una normale cortesia: anche gli infimi cittadini che viaggiano a titolo personale probabilmente si sono adeguati, prenotano un semestre per l'altro, si mettono in viaggio quando l'albergo gli dà via libera, infilandoli nel giorno morto tra il Salone del Bottone e la Fiera dell'Asola.

In un altro albergo milanese, mi hanno detto: non si preoccupi, venga qui, un posto per lei glielo troviamo sempre a Torino o a Genova. Non importa, ho detto, ma perché nel parcheggio non allestite delle tende per i vecchi clienti non organizzatori, non congressisti, non relatori? È un'idea, signore, mi hanno risposto.

Credo che fiere e saloni siano importanti per l'economia nazionale, ma che abbiano diritto di dormire anche i paria che viaggiano in proprio. I quali paria hanno due possibilità per continuare ad aspirare a un letto. Organizzarsi, nominare un comitato non fieristico che riservi anno per anno un certo numero di camere a coloro che intendono vivere e operare al di fuori dell'edilizia, dell'alimentazione, ecc. Oppure arrendersi alla legge della Fiera e del Salone, recandosi nei padiglioni stabiliti e pronunciando al microfono due parole di saluto in cambio di una stanza d'albergo.

Chi invece vuol continuare a rischiare, può sempre andare a Pechino, dove in un casolare o in una corsia di ospedale un letto si rimedia sempre.

Fortunatamente c'è una nemesi: per la prima volta un congresso nel momento in cui doveva essere aperto ufficialmente è stato annullato. C'erano scienziati autorevoli, giornalisti, fotografi. Ma in platea non c'era nessuno. È accaduto a Milano e si sono subito tentate patetiche spiegazioni: uno sciopero di mezzi pubblici, la frenesia degli acquisti natalizi, ecc.

Credo che il caso meriti qualche riflessione più generale. Siamo una delle nazioni a maggior indice congressuale: apro un qualsiasi dépliant turistico e mi accorgo che ogni città, paese o villaggio ha un palazzo dei Congressi. Nelle strade, alla segnaletica normale si è aggiunta la freccia con l'indicazione «Centro convegni e meeting». Ogni albergo vanta, assieme all'aria condizionata, «attrezzature per convegni e convention».

Suggerisco ai giovani in cerca d'occupazione di tener d'occhio la pubblicità dei quotidiani: ogni tanto c'è un inquadrato: «Agenzia XY: si organizzano conferenze stampa a partire da 20 milioni, congressi a partire da 100 milioni». Si sa come si parte e si può sapere anche dove si arriva: se una ditta per esempio vuol lanciare un macinacaffè, fa organizzare un convegno sul tema «La caffeina e l'accelerazione del rendimento intellettuale». Si possono invitare anche i premi Nobel.

L'organizzatore di congressi è un mestiere sicuro:

se un giorno mai i congressi entrassero in crisi, comincerebbero i congressi sulla crisi del congresso.

Il convegno si propaga insomma più veloce dell'Aids: ogni tanto un relatore arriva con la sua valigia, legge la sua relazione e nessuno si accorge che ha sbagliato congresso.

In un notevole exploit di perfezionismo un giovane editore bolognese pubblica gli atti del convegno prima che il convegno abbia luogo: scrive ai relatori mesi prima, dando rigorose istruzioni sul numero di righe e di battute. Forse presto offrirà congressi in scatole di montaggio, così ciascuno si fa il suo congresso a casa. Ma forse si opporranno le mogli: se il marito relatore non viaggia più, loro non possono andare a vedere i monumenti e le boutiques.

Riassumendo: i luoghi di convegno ormai sono più fitti delle gelaterie, le idee è facile trovarle e così pure i relatori, sempre in attesa di uno squillo telefonico. Ci vuole il mecenate, ma oggi è più facile trovare sponsor di congressi che di squadre di calcio. Manca il pubblico, anche perché le televisioni ci portano a casa tutti i moderatori che si vuole e anche i movimentatori, che di solito si mettono a gridare proprio quando il tempo purtroppo è scaduto, grazie e buonasera.

Per cui la mia modesta proposta è che le personalità partecipanti a un convegno, invece di portarsi la relazione, portino un po' di parenti.

GIÙ LA MASCHERA

Carnevale serpeggia nella piccola pubblicità: premiate sartorie, specializzate in revival di attrici anni Trenta o negli ultimi look televisivi e, inoltre, le solite uniformi napoleoniche, le calzature «dall'antica Roma in poi», le decorazioni per i capelli, ecc. Comune a tutti gli annunci, una promessa di esclusività: «Solo per appuntamento».

Feste e fasto si moltiplicano a Milano, Torino, Capri, Venezia, il carnevale tira come la Borsa di un anno fa. Solo una tradizione è in declino: la maschera. Se ne vedono ancora un po' a Venezia, ma le celebri *bautte* sono ridotte a simboli stilizzati, come quegli occhialini coi lustrini che fanno gli occhi da pantera.

Carnevale mi ha sempre lasciato piuttosto tiepido: se talvolta la mia personale allegria ha coinciso con quella fissata dal calendario, lo devo unicamente alla maschera. Cioè all'occasione di vivere situazioni in incognito, consentendomi moderate follie.

Era una godibile eclissi di identità che una volta eccitava tanta gente e che sta velocemente tramontando, spazzata via dal presenzialismo: a mettersi in maschera, oggi, si rischia di non venir riconosciuti, riveriti, ammirati, sia pur per una serata all'anno.

Il protagonismo del passato era al limite del patetico: dal biglietto da visita lasciato da Arsenio Lupin al posto dei gioielli rubati, al superclassico d'autobus: lei non sa chi sono io. Oggi la sindrome si è generalizzata:

non c'è elettricista che non sia immortalato nei titoli di coda che scorrono sul video, non c'è comparsa che non proclami di «aver fatto un film» con Fellini, non c'è collegamento televisivo dove — dietro all'inviato che racconta la tragedia appena consumata — non si piazzi qualcuno, sorriso estatico e dita a V.

Tutto cominciò negli anni Cinquanta con l'esordio dei telequiz: una settimana di applausi per sconosciuti ragionieri e massaie derelitte che poi raccontavano in diretta l'accoglienza al paese e l'inebriante terremoto in famiglia. Era un virus troppo seducente, ogni persona era potenzialmente personaggio; ciò che si riteneva il proprio trascurabile tran-tran diveniva, d'incanto, spettacolo.

Da allora il fenomeno è ingigantito, alimentato da quello che il semiologo Oscar Calabrese definisce «una perdita di autocontrollo». Dei superdivi che si rivolgono alle audiences televisive come agli amici in trattoria si è già scritto; siamo maturi per nuove formule di chiusura del telegiornale: vi ricordo i titoli delle principali notizie, grazie dell'ascolto, Annamaria non vengo a casa a mangiare.

Franca Rame, per informare il marito Dario Fo che ha deciso di piantarlo, sceglie la ribalta di «Domenica in». Dario era ad Amsterdam, qualcuno l'ha avvisato per telefono (forse avrebbe avuto qualcosa da eccepire, ma non c'era il satellite per il collegamento). Gigliola Faenza, moglie separata di Luca, figlio di Anna Magnani, ritiene di dover informare il Paese inondandolo con le partecipazioni di divorzio. Lo storico Giordano Bruno Guerri, attaccato dalla stampa cattolica per la sua interpretazione di Maria Goretti, ha querelato il Vaticano (incaricando probabilmente il suo avvocato di citare Dio come testimone a difesa). Marta Marzotto ha vissuto il suo intimo dramma legato all'agonia di Guttuso nello stretto riserbo dei microfoni.

Il romanzo è superato, trionfa l'autobiografia: sportivi e cantanti la buttan fuori a vent'anni (e qualcuno di loro si chiede forse, stupito, perché non ristrutturano il Pantheon ricavandone monolocali a equo canone).

Personaggi collaudati sono alla mercé di qualsiasi intervistatore con un buon rotocalco alle spalle: domande che un tempo si sarebbero liquidate con un gelido «La prego» («A letto chi prende l'iniziativa, lei o suo marito?») ottengono minuziose risposte: anche lì? Sì, anche lì.

Era fatale che questa scuola di autoaffermazione facesse proseliti anche nella remota provincia: ad Acqualagna, sperduta contrada del Montefeltro, sono stato bloccato da un parà, in tuta mimetica, basco rosso, anfibi a mezzo polpaccio, paletta. Era un mite giovane di oratorio, s'era vestito così perché l'avevano pregato di dare una mano a regolare il traffico per la sagra del tartufo.

Il protagonismo esplode anche in chi per un'intera esistenza ha vissuto all'insegna dell'anonimato (anche fiscale): in Romagna, presso Cervia, un vecchio oste, ricco e pitocco, ha improvvisamente dilapidato cinquanta milioni. Si è fatto fare un monumento in bronzo, sta in giardino. Ci passa davanti ogni volta che rincasa.

Immaginiamoci se fra tutti questi mattatori di calibro nazionale o condominiale, c'è qualcuno disposto a sparire qualche ora dietro una maschera di carnevale. L'unica maschera che resiste è quella di bellezza.

Ci sono altre feste che fanno notizia: al Lido di Venezia c'è stato un party strepitoso di cui i giornali hanno parlato perché gli illustri ospiti se ne sono andati con le tasche e le mutandine gonfie di argenteria. I giornali non parlano invece dell'ordinaria amministrazione, cioè delle case devastate e razziate in occasione delle feste che genitori un po' megalomani danno per il compleanno della figlia.

Le festine casalinghe sono una vecchia istituzione, ricordo quelle subito dopo la guerra: la festeggiata ci metteva la casa e le torte della nonna, gli amici portavano le bottiglie di doppio kümmel, i dischi di Cole Porter e c'era sempre un tipo che non ballava: accudiva al grammofono, caricandolo e cambiando la puntina.

Oggi le cose vanno a questo modo: la debuttante invita gli amici intimi e gli dice: «Se vuoi porta un amico». Ma anche l'amico ha un amico a cui dice: «Se vuoi porta un amico». La catena di sant'Antonio dilaga fulmineamente e alle ore 18, all'indirizzo fissato, si accalca un'orda di amici di amici del cuore, fra i quattordici e i sedici anni, la cui identità è nota ai padroni di casa per non più del 30 per cento. A mezzanotte la famiglia tira il bilancio della serata, davanti a uno scenario da *day after*: fette di torta fiondate sui quadri, moquette bruciata, soprammobili spariti.

Ho parlato con un incursore pentito, o meglio cresciuto. Adesso ha vent'anni e rievoca con il compiacimento degli ex sessantottini. «Ai miei tempi,» dice (cioè cinque anni fa) «non esistevano ancora i paninari e il loro gergo: ci definivano semplicemente ''cacciatori di feste''. Siccome per sfuggire alle invasioni i parties venivano organizzati in rustici sperduti, affogati nella solita nebbia padana (senza nebbia che festa è?), la prima fase consisteva nell'individuazione della serata.

«File di ''vespe'', i più fortunati in volkswagen, si aggiravano nella campagna, consultavano le cartine sui cofani al lume di torce elettriche, setacciavano i bar di paese per succhiare qualsiasi informazione utile: una caccia al tesoro senza quote di partecipazione. Individuata la villa, il commando in smoking (di chiara derivazione paterna) cercava le vie d'entrata — una finestra, un abbaino —, ma senza sfondamento. Stile d'intrusione all'Arsenio Lupin, mai violenza, ma astuzia.

«Penetrati nel santuario, ci gettavamo nelle danze: una volta dentro sembravamo più invitati di quelli ufficiali, i più premurosi con la festeggiata, magari ci scappavano anche due complimenti alla madre per i tappeti e i trumeaux. Ma se noi lavoravamo con i guanti, si stavano già preparando le nuove leve. E ogni lunedì si parlava di porte sfondate, di cicche spente su un falso Guttuso, di tabacchiere d'argento fregate e spartite come bottino. Dopo qualche brutta settimana in cui a ogni squillo di telefono si pensava ai carabinieri, chiudemmo con le invasioni. Anche le feste erano cambiate: pochi invitati, collaudatissimi, luogo, data e orario venivano comunicati pochi istanti prima del via, come nelle "speciali" del rally di Montecarlo.»

A distanza di anni la storia si ripete: l'esperienza non serve quando c'è una figlia, magari un po' incolore, che smania per diventare protagonista di una sera e, se non le organizzano la festa, bisogna portarla dallo psicologo e, con quel che costa un'ora di seduta, è meglio rischiare, adottando semmai le contromisure del caso.

A Bologna, per esempio, circola un tabulato con 500 nomi di ospiti di origine controllata, 300 con punto interrogativo, un centinaio con un «no» seguito da tre esclamativi. Il cocktail degli inviti si stabilisce sul tabulato. Con cento invitati Doc si viaggia sul velluto, ma anche nel mortorio. Un paio di tripli esclamativi non guastano e possono essere tenuti sotto controllo dalle guardie giurate, quelle stesse che smontano dal servizio alle banche e che si fanno qualche ora di straordinario con i compleanni e gli onomastici in villa: le signore ormai conoscono i più disponibili e se ne passano i nomi come si fa con le colf; c'è quello che sembra Terence Hill e quello che sa preparare anche i cocktail.

Controlli accurati come a Fiumicino, in certi casi anche il metal-detector; non all'entrata, ovviamente: all'uscita. Ma non bisogna esagerare con i deterrenti: una festa che fila liscia è una festa senza storia. Le madri che s'incontrano gareggiano, con finta costernazione, sull'ammontare dei danni e chi se l'è cavata con 100mila lire viene polverizzata dall'amica che ha denunciato furti per due milioni. E anche la quotazione delle debuttanti è proporzionale alle devastazioni.

Così accade che anche i Rambo formato famiglia finiscono per andare a ruba.

FILOSOFO OFFRESI

Mio nipote racconta di aver quasi litigato con un compagno di scuola che lo asfissia con i suoi consigli: «Lui dice che lo fa per altruismo, io sostengo che è un fatto di megalomania».

M'accorgo di appartenere anch'io a quella detestabile categoria che abbonda in «secondo me»: fra casa e fuori ne colleziono anche una trentina al giorno. Spesso, quando siamo fra amici, mia moglie mi fa gli occhi grandi e mi blocca. Il mio interlocutore, incuriosito, dice: allora secondo te? Lo guardo e farfuglio: m'è andato via il pensiero.

Tralasciando i consigli che ci si è rassegnati a non dar più ai figli perché siamo stati esautorati dai mass media (rubriche di bon ton, spot televisivi che sanciscono come dove e quando, inchieste «sui giovani» di Panorama ed Espresso), restano i consigli che ci scambiamo fra adulti. Credo che un buon metro per valutare quando siano disinteressati e quando megalomani sia la loro sgradevolezza.

È certamente una prova di amicizia dare un suggerimento sapendo che urterà la suscettibilità di chi lo riceve. Per esempio (a un collega): ho letto i tuoi pezzi, io lascerei perdere quel genere; (a un genitore): ieri sera ho visto tua figlia imbrancata con dei tipi che non mi quadrano, dovresti tenerla d'occhio; (a un amico): hai presente quella bomboletta spray per sentirsi freschi e sicuri?

Ma raramente tocchiamo queste vette di altruismo, quasi stoico perché autolesionista: non tutti sono pronti a riconoscere che la vera amicizia è quella più ruvida. Accade dunque più spesso che dispensiamo esperienze e saggezza del tutto indolori. Ma anche in questo caso si verificano curiosi effetti collaterali.

Se offriamo una dritta (un ristorante, un negozio, un medico, un contadino con damigiane) ci fa piacere che l'altro si prenda un appunto. E ci gratifica il riconoscimento che arriva dopo qualche giorno (avevi mille ragioni, grazie). Ma il fatto che il nostro beneficato instauri un rapporto stretto e autonomo con ciò che gli abbiamo suggerito finisce per ingelosirci.

Per esempio, abbiamo mandato un amico in un'isola di strepitosa bellezza, gli abbiamo indicato le cale più nascoste, la trattoria poco nota. Al ritorno era entusiasta e riconoscente. Ma poi il suo rapporto col luogo si è personalizzato, non ha più avuto bisogno della nostra mediazione, anzi ha superato il livello di familiarità che avevamo stabilito noi. E avvertiamo una fitta sottile di risentimento ogni volta che ci racconta del nostro vecchio amico Giacomo che pesca le aragostine apposta per lui, gli riserva incondizionatamente la barca e ci ha ignominiosamente dimenticato.

Da ragazzo convertii alla musica classica un compagno che mi sfotteva quando battevo il tempo della Quinta o fischiettavo lo struggente adagio della Nona. Poi lui cominciò ad andare ai concerti più assiduamente di me, ad apprezzare anche i quartetti che a me ancora non piacevano e superò rapidamente la mia sparuta collezione di microsolco. Ero orgoglioso della sua conversione, ma mi urtava la sua impudente confidenza con quel Beethoven che ormai frequentava senza di me.

Di recente ho presentato una mia conoscente, in procinto di trasferirsi a Roma, a dei cari amici che ho là.

L'incontro è riuscito perfettamente e l'ho considerato un mio successo. Ora so che si vedono spessissimo e ho l'amara certezza di essere sparito dai loro discorsi. Scaricato.

La verità è che vorremmo più o meno inconsciamente continuare a essere i registi, i protagonisti di quelle opportunità che offriamo. Vorremmo che, ogni volta che l'amico va dal nostro elettrauto, ci telefonasse, è veramente un mago, mi chiede sempre di te. (E invece magari veniamo a sapere che l'ha addirittura consigliato ai suoi amici, come cosa sua.)

Più che dei consiglieri, ci consideriamo dei benefattori che vorrebbero mantenere l'esclusiva sui favori dispensati. E per questo vorremmo essere ricordati con cartoline, fiori, telegrammi e targhe d'argento da tenere sul tavolo. E invece accade anche che qualche beneficato, ingrato fino all'oblio, passato un po' di tempo, ci suggerisca quello che avevamo suggerito a lui.

Ti ricordi quando al ginnasio si faceva etimologia — dico a un amico — *pochi* che in greco si diceva *oligoi*, *governo* che si diceva *archia* e saltava fuori oligarchia, mentre la *philo-sophia* era amore per la sapienza: bene, prova a buttare un occhio in giro, fra convegni e caroselli, e guarda dov'è finita la filosofia.

Questa scienza un tempo era una cosa abbastanza frivola: Aristotele, Spinoza e Kant erano dei fissati con l'hobby di una «visione generale della realtà»: chi siamo?, perché siamo?, ecc.

È soltanto in tempi recenti che la filosofia è diventata qualcosa di più serio e professionale: lo intuisco quando leggo le interviste rilasciate da persone presentate come «filosofi» di mestiere. Forse c'è pure un albo dei filosofi, un sindacato, dei biglietti da visita con Fil. sbarrato dalla biro. In anni recenti sono pure entrati in campo i *nouveaux philosophes* che, rispetto a quelli del vecchio modello, hanno le sospensioni migliorate. Tutti intervengono su tutto: terrorismo, sport, inquinamento, moda, crisi della coppia. Quanto alle antiche domande — chi siamo?, perché siamo? — a rispondere ci pensa l'astrologia.

Se il livello medio di istruzione si è alzato, in fondo è giusto che la filosofia dilaghi fra gli strati sociali e gli ambienti più disparati. Cominciarono i politici nei loro interventi: parole come «ideologia», «programma», «strategia» apparivano riduttive: la «filosofia del partito» suonava meglio.

A questo punto l'industria si trovò spiazzata: poteva presentare solo dei «piani di produzione» e dei «progetti di sviluppo». Troppo terraterra. Così anche l'industria fece un salto di qualità e cominciò a parlare di «filosofie aziendali».

Ma non eravamo che agli inizi: poco tempo fa in autostrada ascoltavo una radio di paese, stavano intervistando il presidente della squadra locale e quell'umanista a un certo punto disse: «La nostra filosofia è l'attacco». In un negozio di frutta ho letto questo cartello, scritto col pennarello: «Mele maturate sul ramo e non in frigorifero: questa è la nostra filosofia».

Un volo di avvoltoi incombe sulla penisola: appena una parola ha successo, esaurisce la sua parabola e comincia ad agonizzare, si buttano in picchiata e la spolpano.

Accadde anni fa con «generazione». Con felice intuito fu affibbiata inizialmente ai computer che invecchiavano rapidamente e venivano superati da nuovi modelli: così si parlò di computer della prima generazione, della seconda e così via.

Dopo pochi anni era tutta una generazione: c'e
le «berline della terza generazione», c'erano «nuove ge
nerazioni» di detersivi, di pizze, di lavastoviglie; ricordo uno spot televisivo che illustrava un «profilattico della terza generazione», anche se a occhio e croce sarebbe dovuto servire a generare il meno possibile.

Una delle ultime parole in via di spolpamento è òrchestra, con l'accento sulla o. La lanciò Arbore in *Quelli della notte* con la sua «New pathetic òrchestra» e adesso non c'è imbecillotto di campagna che, parlando al microfono del suo complessino, non lo chiami òrchestra.

Bramo un decreto legge che fissi un termine massimo, oltre il quale chi si ostina a usare una parola incorre nelle sanzioni previste. Per esempio, sta scadendo la validità di Rambo: quando uscì il primo film ci fu un cronista che, scrivendo di un bullo di quartiere, si accorse che «bullo» era un vocabolo vecchio intanato e inventò «Rambo di periferia». Fu una frana: vignettisti, sociologi, titolisti, polemisti fecero rapidamente a pezzi Rambo. Rambo-Reagan, Rambo-Craxi, Rambo di borgata o dei quartieri alti: ci son cascato anch'io, descrivendo i Rambo formato famiglia.

Un requiem per Rambo. E una prece anche per look («Che look ti metti stasera?») e per turbo («Un dentifricio col turbo») e per l'aggettivo *pentito*: un ministro pentito, un neonato pentito. Stiamo diventando degli arteriosclerotici del linguaggio: ci dimentichiamo che oggi, col ritmo di vita accelerato, anche il ciclo vitale del neologismo si è accorciato: son passati i tempi in cui espressioni come «fa-vo-lo-so», o «bestiale» reggevano decenni.

La parola-battuta, la parola riciclata con un lampo geniale hanno vita breve: se non se ne inventano delle altre, meglio ripiegare sulle parole grigie ma dignitose. Così proporrei di chiudere anche con la Filosofia. Rimettendola al suo posto nello scaffale.

Anche la psicologia prêt-à-porter galoppa. Fino a pochi anni fa era confinata nelle ultime pagine dei rotocalchi. Fra l'oroscopo e il cruciverba c'era la rubrica dello psicologo («Mia cara, non ti preoccupare: sei grassa per carenza affettiva, trovati un ragazzo e dimagrirai»).

Con un successivo balzo la psicologia conquistò le pagine centrali (preferibilmente in luglio e agosto, quando la gente sotto l'ombrellone è più portata a fregarsene delle turbe del pentapartito): si schiuse la grande stagione dei test («Dormite con le braccia sopra o sotto il guanciale? Mescolate il caffè con rotazione destrorsa o sinistrorsa? Dite pardon quando sternutite? Sommate i punti di ogni risposta, se passate i 47 siete un maniaco sessuale»).

Adesso le edicole tracimano di psicologia offerta in enciclopedie a puntate. Nelle pagine interne si riconosce che questa «giovane scienza» è solo un tentativo di capire il comportamento umano e un'avventura ancora più temeraria nei meandri dei meccanismi cerebrali. Ma fuori, nella presentazione dell'opera, si va meno per il sottile: «Un manuale pratico per conquistare la serenità in casa, il massimo profitto a scuola, il successo nella vita» oppure (obiettivo più modesto) «per conoscere se stesso».

Nello spot televisivo si vede una specie di giovane guru in giacca e cravatta che dispensa sorridendo serenità e sicurezza a uno stuolo di fortunati, scampati al gorgo della nevrosi, i quali sorridono anch'essi liberati e si illuminano come, negli spot precedenti, le fanciulle che finalmente hanno scoperto lo spray ascellare o il rinfresca-alito.

La psicologia mi affascina o mi terrorizza. Ho conosciuto psicologi sublimi, mi scioglievano con facilità e grazia dei nodi che mi erano parsi inestricabili, mi davano l'impressione — più che di aver studiato tanto più di me — di aver vissuto più intensamente. E ho conosciuto degli psicologi irritanti: nessuno è più imbecille di un imbecille imbottito di psicologia. Applica i suoi schemi ai casi reali come etichette dei passi alpini sul parabrezza. Discetta con protervia, non conosce dubbi, incertezze, può diventare micidiale come una signora che, finita la scuola guida, attraversa la città su un carro armato Leopard.

Un bel giorno l'Università di Padova si è messa a sfornare psicologi: per iscriversi bastava un diploma di scuola superiore, anche agraria. Dopo quattro anni di lezioni e di esami, gli esperti dell'anima potevano aprire lo studiolo: la clientela non mancava: ragazzi disadattati, fanciulle depresse, casalinghe frustrate, intellettuali in crisi d'identità. E mi son sempre chiesto perché un ortopedico, per esercitare, deve superare esami specialistici e lunghe pratiche ospedaliere, mentre un ortopedico dell'anima può subito cominciare a operare su congegni più fragili di una tibia o di un osso sacro.

Il pensiero umano è una cosa inebriante e insidiosa: può portarti a dimostrare che Achille non raggiungerà mai la tartaruga o può farti scervellare su un test di questo genere: «*Quista* frase *continne* tre errori». Leggi e liquidi: «Sono due gli errori, che test cretino». Poi hai un guizzo: «Gli errori sono due, è un ''errore'' averne contati tre: ecco il terzo errore». Sorridi appagato dalla tua perspicacia, ma poi ti esplode in testa un altro corto circuito: «Se gli errori sono tre, la frase è giusta, quindi il ''terzo'' non è più un errore, gli errori restano i primi due». Prendi fiato, sdilinquito dal tuo quoziente di intuizione, ma poi ti folgora un nuovo dubbio: «Ma allora, se gli errori sono due, perché la frase parla di tre?». Se non hai nient'altro da fare puoi continuare a scardinarti il cervello in questo allucinante ping-pong con te stesso. Oppure concludi che il vero ciclopico errore è

: incaponirsi nei cunicoli dei meccanismi cere-
glio servirsi del pensiero per tentar di capire
me viviamo.

Spesso basta l'affetto per essere psicologi (anche se mi ha sempre spaventato la facilità con cui si può pesare sulle decisioni di chi chiede aiuto) ma, anche senza partecipazione affettiva, è incredibile la qualità di gente che tiene banco con una infarinatura di psicologia: ti guardano attentamente mentre parli: «Cos'hai? Perché sei così teso? Non sei sereno».

Lì per lì non lo sappiamo se siamo tesi e perché. Ma ce lo spiegano loro, avanzando una sfilza di ipotesi: madri incombenti, mogli castranti, mariti schiavisti, padri padroni, maestri plagianti e poi tutta la parure dei complessi che però oggi sono meno di moda dei *rifiuti* (di responsabilità, del figlio, del padre, del cognato, della realtà, della vita, della morte).

Sono gli stessi amici che qualche anno fa si accontentavano di prescriverti le capsule per l'aerofagia, le aritmie e l'intestino pigro.

Temo che questa alluvione di enciclopedie sia destinata per un verso ad aumentare i casi di autoassoluzione. («Gli ho dato il crick in testa perché sono affetto dalla sindrome di Mahler») e, per l'altro, ad aumentare il tasso di professionalità degli psicologi naïf. Il rischio è di scambiare per teoremi d'algebra certe ipotesi sui comportamenti umani e di acquisire in materia la stessa sicurezza con cui nei bar-sport si pontifica sul centro campo e le fasce laterali.

Anche in treno non si scherza con le analisi psicologiche. Rapido Milano-Bologna. Sto solfeggiando sulla mia portatile a pile, silenziosa, educata. È un espediente che ho ideato per alleviare il mio tedio da viaggio: cerco di descrivere i miei compagni di scompartimento. È come fare un po' di jogging con il cervello.

La ragazza di fronte: viso apparentemente *nature* che rivela invece un diabolico trucco con effetto acqua e sapone. Capelli color grano, lisci, lunghi, fermati sopra la fronte dagli occhiali da sole.

Di fianco a lei: uomo sui 40, capelli corti ben tagliati, completo di lino scuro, ultrapiatto d'oro con cinturino di coccodrillo, scarpe Church con i buchini. Manager della cilindrata «Class», anche se contrasta con le mani curatissime quel suo modo plebeo di tener la sigaretta fra pollice e indice, palmo all'insù col mignolo che fa cadere la cenere.

Di fianco a lui, presso il finestrino: dama che nasconderebbe bene gli oltre 60 sotto un capolavoro di ritocco, se non si tradisse con le sopracciglia completamente depilate e rifatte a matita, modello Crawford (la moda è passata ma le sopracciglia non ricrescono).

Il posto di fianco al mio è vuoto, occupato dalla ventiquattrore del manager (e quando dal corridoio s'è affacciata una donna carica e ansimante, nessuno ha avuto la generosità di dirle che poteva sedersi).

Presso il finestrino c'è un giovane sui 27, 28: lo deduco dall'abbigliamento. È l'età di transizione fra il casual e i primi accenni di classico. Il giovanotto è in mutazione come certi uccelli che cambian le penne: porta jeans e Timberland ma ha la giacca lenta di tweed. La camicia è pure di jeans con i bottoncini nel colletto, ma penzola uno straccetto di cravatta. I suoi piccoli occhi di miope sono remoti, immersi nelle spesse lenti come in due minuscoli acquari.

Mentre batto i miei appunti è cominciata, non so come, la conversazione: si parla di timidezza, virtù o difetto. Il manager sta dicendo: «Non sopporto che in pieni anni Ottanta qualcuno si confessi timido: è diventato un alibi. Per esempio (rivolto al giovanotto miope): se la Stradale la ferma perché attraversa un abitato a tutta birra forse che lei può dire: scusatemi ma io non vedo i cartelli e neanche il tachimetro? No, lei ha il dovere di correggere la sua menomazione con gli occhiali. O no?».

Il giovane, acceso da un'improvvisa vampata, accenna a dir qualcosa ma il manager è uno di quei Tir che fanno la domanda e continuano a parlare ignorando la risposta: «E le dirò di più: la timidezza è sospetta perché le donne si sdilinquiscono con i timidi, o meglio con quelli che si spacciano per timidi. Io no, io rifiuto questi trucchi, gioco ad armi pari, è il mio modo di selezionare le donne: se una mi accetta come sono, significa che il suo quoziente di intelligenza...».

Viene interrotto dalla signora senza sopracciglia: «Ma che quoziente e quoziente! La timidezza di un uomo è deliziosa, eccita l'istinto protettivo di una donna, in ogni donna c'è una madre...».

Interloquisce la ragazza dai lunghi capelli: «Per me in ogni donna c'è una figlia...».

Il manager tenta di inserirsi ironico («Perché non diciamo che c'è una cugina?») ma la ragazza resiste all'assalto: «Il discorso è un altro: ai timidi semplicemente manca il coraggio di essere arroganti, lei che ne dice?». La domanda è rivolta al giovanotto miope il quale sorride imbarazzato: «Io credo che solo un timido può parlare di timidezza...».

Ma irrompe il manager: «Bella la sua logica, allora io, siccome non sono omosessuale, devo rinunciare ad avere un'idea su questa specialità».

Riprende il miope: «Volevo solo osservare che una diversità vissuta dal di dentro si avvicina alla verità più di un giudizio esterno».

«Insomma» riprende il manager «non possiamo giudicare neppure Mussolini e Hitler, visto che non abbiamo vissuto la loro esperienza. A proposito: quei due vengono nel discorso come il cacio sui maccheroni: Mussolini era un disinibito e non arrivò alla ferocia di Hitler che era un complessato.»

«Lasciamo perdere la storia» interviene la dama con le sopracciglia a matita «stiamo alla cronaca: io dico che oggi se c'è una disinibita è Wanna Marchi e allora, benedetti i timidi.»

«Senta» scandisce il manager «se un ragazzo oggi non si scrolla di dosso la timidezza, la colpa è dei genitori che non intervengono. Perché se è gracile gli danno le vitamine e se è timido non gli fanno un'altra terapia, tipo quella che ho usato con mio figlio? Semplicissimo: a un amico che ha una piccola televisione commerciale ho fatto questo discorso: io ti do 5 milioni e compro dieci spot, tu in cambio prendi mio figlio e lo sbatti davanti alla telecamera, gli fai dire quel che vuoi e se lui si tira indietro e ha una crisi di panico, tu lo riprendi ugualmente e lo sbatti in onda con la sua crisi: così quando lui si vede e lo vedono i suoi amici, sbaracca la timidezza con l'orgoglio.»

«Se ho ben capito» intervengo «Freud ha avuto un grosso colpo di fortuna: se c'eran le telecamere, la psicanalisi era fritta.»

«Io dico che la timidezza va presa per le corna come si fa con la varicella e la tosse cattiva;» ribatte il manager «uno non può dire che ha gli orecchioni per tutta la vita.»

Esplode la dama: «Ma come fa a paragonare una malattia del corpo a una malattia dell'anima come la timidezza? Io li conosco i tipi come lei: timeo daini et dona ferentes».

«Si dice Danaos» interviene cortese il miope, ma anche con la rettifica, la citazione non guadagna in trasparenza.

L'accademia prosegue: sfumo l'audio e mi concentro sulla mia macchinetta. Penso, rapito, ai timidi di viaggio che non aprono bocca e ricordo con tenerezza i disinibiti che tenevano banco sui treni di una volta, la sa l'ultima sul marito cornuto?

L’ERBA DEL VICINO

Un viaggio all'estero non dovrebbe intrufolarsi fra queste pagine di riflessioni sedentarie. Ma anche un'esperienza oltre confine è motivo di continui raffronti con situazioni e abitudini di casa propria.

Un viaggio è anche un susseguirsi di umori e malumori, un epidermico gioco a questo sì, questo no. E al Brennero sono curioso di vedere se anche dalla parte austriaca si arranca esasperatamente in colonna su una corsia sola. Ma sì: il nostro permanente dissesto autostradale prosegue trionfale. Dal confine a Innsbruck ti rapinano 12.500 lire per una ventina di chilometri da percorrere a passo d'uomo.

Almeno c'è tempo per guardarsi attorno. L'erba del vicino è sempre più verde e anche la striscia bianca è più bianca e il cartello giallo è più giallo. L'Austria è un plastico Märklin grandezza naturale, perfetto nei particolari: per esempio nei lindi villaggi col campanile aguzzo, nessun bucato sventola in bella vista (mentre i tirolesi al di sotto del Brennero si sono meridionalizzati).

Sull'autostrada c'è il limite dei 130 ma, a consolazione del mio bistrattatissimo Paese, devo dire che i camion col cerchietto dei 60 stampato sul retro vanno a 80, i pullman col cerchietto dei 100 vanno a 120, mentre le auto tedesche che rientrano dall'interminabile estate con i surf impilati sul tetto (ormai c'è la parure, come per le racchette da tennis) vanno come gli pare, a

160 e anche a 200. Quindi non è vero che fanno i comodi loro soltanto in Italia.

Una quarantina di chilometri e l'autostrada diventa tedesca dove si può andare anche a 1000. C'è un traffico da ferragosto con rallentamenti improvvisi e subito m'accorgo di un'abitudine che ritenevo italiota: sulla corsia di destra, quella del traffico lento, non ci sta nessuno, è disonorevole. Tutti ammucchiati sulle altre due, anche quelli che veleggiano col sigaro in bocca.

Ma la differenza con le nostre autostrade affiora subito, clamorosa: la quasi totale assenza di camion. In Germania le merci viaggiano sui fiumi e su una delle più efficienti reti ferroviarie: linee spesso a quattro binari di cui due riservati ai treni merci che portano a destinazione un pacco in ventiquattr'ore. (Anche da noi, adesso. Ma paghiamo una busta come se viaggiasse in vagone letto.)

Due monetine da 10 pfennig per far scattare le serrature della toilette nell'area di servizio: che pena il ricordo dell'italico piattino di spiccioli accanto al quale sonnecchia una donna che invecchia fra effluvi e sciacquoni. Ma riprendere il viaggio è una follia: non c'è una corsia che immetta gradualmente sull'autostrada dove saettano le Mercedes cattive con l'alettone sul baule.

Fra Innsbruck e Monaco si vola infischiandosene, come fanno gli alemanni, dei cartelli che indicano qualche rallentamento, ma nel raccordo che aggira Monaco si rimpiangono le tangenziali a quattro corsie di Milano, di Genova, di Bologna. E questo budello in cui stramazza il traffico vertiginoso tra est e ovest contrasta inesplicabilmente con l'opulenza supertecnologica della capitale bavarese.

All'Istituto italiano di cultura di Monaco circa duecento ascoltatori tedeschi seguono quello che dico e dalla prontezza con cui sorridono capisco che colgono anche le sfumature. Un tipo massiccio, sanguigno, da Oktoberfest, mi chiede: perché tantissimi di noi imparano l'italiano e voi non imparate il tedesco? Invoco qualche attenuante: voi, studiando latino a scuola, avete già una base, e poi venite in Italia per andare al mare: noi per le vacanze scendiamo ancora più a sud. Ma poi aggiungo: voi amate l'arte e la cultura italiana più di noi.

Quando leggo un brano sulle nostre notti popolate dal concerto degli antifurto d'auto e dei sistemi d'allarme condominiali scatenati da una zanzara che attraversa una microonda, sogghignano educatamente. È la stessa curiosità (capovolta) che provo io nell'osservare la fila di vetture posteggiate, tutte con l'autoradio nel cruscotto e le macchine fotografiche abbandonate sul divano posteriore.

Un collega italiano della radio bavarese mi rivolge alcune domande al microfono. Ci conosciamo da anni ma nell'intervista mi dà del lei, com'è regola tassativa fra radiocronisti tedeschi e com'è giusto che sia: i rapporti personali non interessano al pubblico. Gli faccio tradurre un cartello sulla parete: anche ai disc-jockey è vietata troppa familiarità con chi telefona per ascoltare un brano.

Ripenso ai radiofessacchiotti di casa nostra, «Ciao, come ti chiami? Bene, Katia, che fai stasera?». Ripenso ai tanti telecronisti sportivi che bacerebbero sul collo calciatori e ciclisti, fieri di mostrare tanta illustre confidenza. Ripenso allo storico exploit di Emilio Fede che, intervistando Spadolini capo del governo, gli diceva tu presidente.

Rapido giro per il centro di Monaco, asettica, liofilizzata come i telefilm di Derrick. È piovuto fino a due ore fa, ma le auto sono lustre, certo le portano al manicure dopo ogni acquazzone.

La circolazione è ordinata, i semafori danno il giallo anche prima del verde (da noi sarebbe inutile perché si parte col rosso, sbirciando il verdegiallo degli altri), le soste vietate sono soste vietate senza bisogno di quel superdisco con la gru della rimozione che tenta di intimorirci dalle nostre parti, dove potrebbero mettere anche un disco con la forca. Mi sfiora un pensiero: abitare qui e fare weekend in Italia.

Nei banchi di verdura trionfano monumentali asparagi pallidi, anemici: crescono sotto terra, al riparo dai nano curie. Osservo le donne oltre i cinquanta e mi chiedo cos'hanno di insolito. Hanno i capelli bianchi, non se li tingono. Bambini zero. Ne nascono pochissimi e quei pochi sono affidati ai centri d'infanzia. I nonni non hanno tempo per le carrozzine, sono in viaggio con le roulotte.

Al Centro italiano di cultura di Stoccarda l'incontro è fissato alle 19 perché la gente a quest'ora ha già cenato. Si respira un clima protestante, cortese, un po' distaccato. Monaco (a 200 chilometri) è lontana come Roma da Torino. Racconto di una volta che ero fermo su un marciapiede di Milano Marittima. Si fermò un'auto tedesca, il guidatore con gesto di maggiordomo mi fece cenno di passare. Non ne avevo nessuna intenzione, ma attraversai ugualmente, per riguardo. «Non si illuda», mi interrompe una signora «non è cortesia, è un riflesso condizionato dettato dal terrore, qui i pedoni attraversano come galline.»

Un uomo mi chiede che cosa mi porterei in Italia di tedesco e cosa lascerei qui.

Su due piedi rispondo che mi porterei via i contenitori dei giornali agli angoli delle strade, si ritira una copia e si depone il denaro. E mi porterei via anche le cabine telefoniche, immacolate come teche, con gli elenchi (appena gualciti), dove gli apparecchi restituiscono le monete senza dover ingaggiare un match di boxe.

Lascerei qui i cuscini in piuma d'oca, l'insostenibile leggerezza del dormire. Una volta che ho chiesto di cambiarmeli con qualcosa di più consistente, mi hanno portato un barilotto di cotone, forse confezionato all'istante con probabili trucioli da leggere escoriazioni alla regione temporale.

Una signora italiana che vive a Stoccarda da vent'anni mi consegna un pacco di fotocopie: lettere ministeriali italiane e tedesche. Sulle prime c'è solo l'intestazione del ministro, del sottosegretario, del direttore generale. Su quelle tedesche c'è specificato il numero di telex, di telefono, la linea diretta, la scala A o B, il piano, il corridoio, il numero della porta (in qualcuna anche la linea dell'autobus).

Qui lo Stato ha una voce, una faccia, un nome e cognome. Non è mai fuori stanza.

Ancora in viaggio. Sostiamo in un parcheggio all'orlo della foresta: nello spazio all'incirca di un campo di calcio contiamo 52 contenitori per rifiuti. Praticamente non ci si muove. È un'orgia di ecologia. Il mio compagno cerca una toilette e si addentra nel bosco dove forse è defilata. Dopo un po' riappare: niente, dice, è una foresta che funge da cesso, valli a capire i tedeschi.

L'ultimo ristorante prima della frontiera con la Germania orientale e del corridoio autostradale che ci porterà a Berlino. Pasteggiamo ad acqua minerale, anche una birretta lascerebbe traccia nella prova del palloncino. Qui, se commetti un'infrazione e ti trovano un po' d'alcool in corpo, devono intervenire le ambasciate per il rimpatrio. Penso al mio Paese imbecille dove non si può fare il test dell'ubriachezza perché i garantisti latrano che — obbligando il cittadino a soffiare — si viola la sua libertà sancita dalla Costituzione. Da noi è meglio un ubriaco maciullato, ma giuridicamente intatto.

CHE VITA È?

Due genitori non hanno autorizzato il trapianto del cuore del figlio morto per ictus. La madre ha «spiegato» ai cronisti: «Mi sconvolgeva l'idea del bisturi sul povero corpo di mio figlio morto. L'unica consolazione era che una parte di lui potesse esistere ancora in un'altra vita. Ma per quanto tempo? e allora mio figlio sarebbe morto per la seconda volta».

È uno stato d'animo che suscita soltanto rispetto, ma perché, mi chiedo, esser costretti a fornirne spiegazione, quasi scusandosi? Si parla spesso di violazione del segreto istruttorio: perché non si comincia a parlare di violazione del segreto di un sentimento?

Nella comprensibile emozione che accompagna questa straordinaria conquista della chirurgia, c'è qualcosa che mi disturba. Nei titoli, negli annunci radiofonici e televisivi c'è un tono inneggiante: «Questa si può definire la notte dei trapianti» (con chiaro riferimento a quella dei miracoli), «Probabili tre trapianti nelle prossime ore». A volte il tono, da enfatico, diventa quasi frivolo: «Battono allegri i cuori nuovi».

Ma le comunicazioni annesse agli annunci sono appena velate di discrezione: «Il donatore ''è'' un ragazzo di quattordici anni... morto in un incidente stradale». Non c'è dramma in queste parole, tanto che si è portati a immaginare una scena serena in cui il donatore passa sorridente il suo cuore a un coetaneo dal respiro affannoso e dal volto cereo.

La realtà è diversa dall'allegoria: il donatore non «è», ma «era» un ragazzo e accanto a lui urla disperata sua madre. Questa visione ci viene intercettata, se ne frappone un'altra, quella del gesto generoso, sovrumano: il consenso al prelievo di quel cuore che si è amato più di qualsiasi cosa al mondo (se alcuni genitori non trovano il coraggio di farlo, la notizia vien data con un vago tono di rimprovero: «Annullato un trapianto, la famiglia del giovane in coma profondo non ha autorizzato il prelievo»).

Ecco così spostata la nostra attenzione sul valore del «sacrificio», sull'arcano legame che unirà il ragazzo che non c'è più a quello che forse continuerà a vivere. È un'esaltazione un po' retorica, che per qualche momento stordisce anche i familiari dei figli «donatori», come succede a quelli che stringono la mano del presidente della Repubblica, durante i funerali alle vittime delle stragi.

Ma in tanti di noi affiora insistente, terribilmente concreta, la percezione di quello che accade ai margini della sala operatoria, e poi nella cameretta sterile dove forse avverrà il miracolo: ogni due genitori che sperano ce ne sono due annichiliti. E ce ne sono altri cui toccherà domani, oggi, in questo preciso momento: i genitori di coloro che renderanno effettivi «i probabili tre trapianti nelle prossime ore».

Vorrei che queste trionfali notizie ci venissero date con un tono più misurato: non ci costringano a pensare alla inevitabile «attesa dell'incidente», alla strada come catena di montaggio di cuori nuovi.

Non ci costringano a immaginare altri particolari: l'eccitazione dei preparativi, gli istanti in cui si tolgono i contatti, la corsa della barella che porta in sala operatoria un corpo per cui non occorrerà l'anestesia. Celebriamo più sommessamente questi successi della chirurgia.

Dal trapianto all'eutanasia. L'argomento è troppo emotivo: non si riesce a discutere, ma si alzano barricate di parole e soprattutto si finisce per far dell'accademia sulla pelle di chi sta morendo atrocemente e che spesso non può più manifestare le sue scelte, la sua volontà: le uniche che meriterebbero la nostra valutazione e il nostro rispetto.

Mi chiedo perché in questo Paese, afflitto da epidemia referendaria, non si solleciti un sì o un no sull'eutanasia con un quesito così formulato: «Se un giorno la morte, anziché stroncarvi, si accanirà su di voi ritardando la vostra inesorabile fine fra indicibili sofferenze, vorreste che in qualsiasi modo venisse abbreviata questa agonia senza speranza?».

Certo sarebbe un modo per coinvolgere più «privatamente» la coscienza di ognuno su un problema che spesso si affronta con princìpi generali, di ordine religioso, morale e legale. Ma probabilmente anche le risposte a un referendum sarebbero più emotive che spietatamente sincere: una cosa è parlare della propria morte quando è lontana, una cosa diversa è vivere le proprie ultime ore. Sappiamo che anche Cristo in croce ebbe il suo attimo di smarrimento.

Detto questo, non ho esitazioni nel dichiararmi favorevole all'eutanasia, attiva e passiva: in altre parole credo che un essere umano, votato a morte sicura (perché divorato da una metastasi, o perché semistritolato e non estraibile da rottami o macerie, o per qualsiasi altra causa che lo inchiodi a una fine crudele e incombente) debba essere «aiutato a morire» il più celermente e umanamente possibile. Togliendogli qualcosa (le apparecchiature che prolungano l'agonia) o somministrandogli qualcosa che riduca e sfumi il suo supplizio. Mi sono già occupato di questo tema e conosco le reazioni offese a certe tesi: le obiezioni di ordine religioso (è Dio che ci dà la vita ed è Dio l'unico autorizzato a togliercela), quelle di carattere scientifico (un essere umano è vivo finché respira e il dovere del medico è quello di aiutarlo a vivere fino alla fine), quelle di natura legale (quanti delitti potrebbero essere mascherati da gesti umanitari?). Ma mi rifiuto di credere in una Giustizia che non sappia distinguere un atto di pietà da un assassinio mascherato e mi rifiuto di credere in una scienza medica che non sappia caso per caso accertare l'ineluttabilità di una morte orrenda e che la rimandi in nome di princìpi ipocritamente deontologici. E mi rifiuto di credere in un Dio che pretenda un'agonia stravolta in tortura.

Rispetto il turbamento dei cattolici, ma resto perplesso di fronte a certi colpi di bazooka come quello di chi paragona l'eutanasia a una «reintroduzione della pena di morte». Non è piuttosto un'ultima, indicibile «pena di vita» che si chiede di abbreviare con un atto d'amore e pietà?

Altri si chiedono sgomenti: quanti sono i familiari che — per insofferenza o per motivi finanziari — vorrebbero rapidamente liberarsi dei loro infelici congiunti, ingombranti o costosissimi? Certo, potrebbe accadere e forse già accade, ma — ripeto — ci sono una giustizia e una scienza medica in grado di accertare la delittuosità di un comportamento. E, in ogni caso, se si dovesse rinunciare a certe leggi per l'uso criminoso che se ne può fare, perché non vietare anche le nascite, visto che ci sono genitori che maltrattano i figli?

Contro l'eutanasia si mobilitano anche i grandi pensatori: c'è chi ripropone una frase di André Malraux: «Una vita non vale niente, ma niente vale quanto una vita umana». Una eccellente intuizione esistenziale. Ma che valore conserva quando si applica a una «vita umana» ridotta a uno scampolo disumano?

Ho in mente tanti racconti di amici: «Eravamo preparati alla sua morte per cancro, ma non eravamo preparati a vederlo morire così, quando voleva strapparsi il tubo dell'ossigeno e urlava di lasciarlo finire: fu inutile implorare i medici per due atroci settimane». È forse questa la vita che si vuol difendere «a qualsiasi prezzo», come tuona Leon Schwarzenberg nel suo libro *La morte oggi*?

Credo che la legge dovrebbe forse istituire la figura del «tutore» delle nostre ultime ore. E, come nominiamo un erede testamentario, dovremmo poter scegliere un garante della nostra morte. Personalmente l'ho già fatto, dicendo alla persona che ho amato e che mi ha amato per una vita: assumiti tu questa terribile responsabilità, se un giorno ti accorgessi che è necessario: fallo per me, che desidero essere ricordato per i miei ultimi sguardi, le mie ultime parole e non per gli ultimi spasimi di animale impazzito.

C'è un'altra specie di eutanasia, si pratica prima della nascita: in Olanda una donna di trentaquattro anni che si era sottoposta a una cura ormonale per avere un figlio, si è sentita annunciare dall'ostetrico che i figli in arrivo erano cinque.

Allora si spaventa, vuole interrompere la gravidanza, il medico suggerisce di «selezionare» i nascituri, se ne potrebbero salvare tre. La donna dice che gliene basta uno. Si accordano su due.

Verso il terzo mese la gestante viene sottoposta a intervento. Non potendo eliminare materialmente dal grembo materno tre embrioni, il chirurgo punge il loro cuore con un ago. Due giorni dopo i medici si accorgono che uno dei tre feti soppressi vive ancora e ripetono la stilettata. Sei mesi dopo nascono due gemelli.

Accettato il principio dell'aborto semplice, bisognerebbe accettare anche quello selettivo e invece quanto è accaduto in Olanda ricorda sgradevolmente certe tecniche di frutticoltura. Si ricorre ai fertilizzanti per favorire la produzione, poi si scopre che le dosi erano eccessive, il ramo è troppo carico. Allora si procede al «diradamento», così i frutti scampati alle cesoie crescono più robusti.

La sensazione è che le partorienti non entrino in clinica ma al supermarket: me ne dia uno. Signora, ne prenda di più, glieli garantisco. Be', facciamo due.

Se la tecnica dell'ago che fulmina il cuore dei nascituri in eccedenza dovesse diffondersi, nei lieti eventi del futuro, anziché il biglietto di rallegramenti alla mamma, sarà meglio scrivere due righe al neonato, congratulandosi per lo scampato pericolo.

IL FORZATO DEL COMMENTO

C'è una letteratura sull'inviato speciale. Si sa poco del commentatore. Certo la sua firma è nota, appare spesso in prima pagina. Voglio dire che si sa poco della sua esistenza grigia, senza leggenda. In genere il commentatore è un ex inviato speciale che, essendosi scardinato il fegato fra latitudini e fusi orari, viene premiato con un tipo di lavoro sedentario.

Il commentatore vive la sua giornata ascoltando i notiziari, leggendo i quotidiani e interrogandosi su che cosa gli chiederanno di commentare. Egli si abitua a commentare mentalmente tutto, anche ciò che non gli suscita alcun commento. Il commentatore naturalmente può muoversi, uscir di casa, frequentare amici. Gli lasciano il guinzaglio lungo come ai cani di campagna. Però ha l'obbligo della reperibilità, come i medici del pronto soccorso. Così possono raggiungerlo telefonicamente.

Quando passa davanti a un posteggio di taxi e squilla il telefono sulla colonnina verde, al commentatore verrebbe naturale di alzare la cornetta, sono qui.

Di solito il commentatore combatte questa sindrome telefonica ricordando che prima, quando faceva l'inviato, le chiamate erano più apodittiche: i russi hanno invaso le Seychelles, hai un aereo fra un'ora e un quarto.

L'assillo del commentatore è quello di mostrarsi subito al corrente qualunque sia il tema della telefonata. Se invece è completamente in barca, sfodera un'arte sottile nell'informarsi senza scoprirsi.

Una volta accompagnai mia moglie a visitare le grotte di Frasassi. Quando tornammo, il litorale marchigiano fu sconvolto da una specie di apocalisse, fiumi e torrenti straripavano in una repentina alluvione, crollò qualche ponte della ferrovia. Arrivammo a casa che il telefono squillava, è terrificante infilare la chiave mentre squilla il telefono.

«Sono due ore che ti cerchiamo,» disse la solita voce «devi farci cinquanta righe sui ponti.»

«Ok» dissi fulmineamente (chiedendomi però che cosa potevo mai commentare su dei ponti crollati: forse la solita incuria, il dissesto idrogeologico...).

«Magari fai anche una telefonata in Vaticano» aggiunse la voce.

«Certo,» dissi io, completamente spiazzato sulle implicazioni religiose del crollo dei ponti «ma che taglio volete dare alla cosa?»

«Mah, la nostra vita senza ponti, vedi tu.»

«È trapelato qualcosa sulla posizione della Santa Sede?» chiesi con calma disperazione.

«Be', è chiaro, è contro l'abolizione perché saltano anche i ponti del Corpus Domini e dell'Epifania.»

Spesso il commentatore è preso in contropiede perché non s'aspettava quel determinato tema, a volte perché se l'aspettava a tal punto da considerarlo scontato, improponibile.

Anni fa un mio amico, commentatore della gleba come me, stava andando a cena quando gli telefonarono di scrivere cento righe su Margaret d'Inghilterra che compiva vent'anni.

«D'accordo,» fece lui «per quando lo volete?»

«Per subito,» gli risposero «è oggi il suo compleanno.»

«Ma non riesco neanche a buttar un occhio all'archivio.»

«Riescici, riescici.» E riattaccarono.

Lui mise insieme un paio di cartelle tachicardiache e, quando le consegnò, ci fece un titolo ad uso interno: «Margaret d'Inghilterra compie improvvisamente vent'anni».

Anche a me è capitato di dover commentare sul tamburo altri avvenimenti improvvisi: per dire, Capodanno, Ferragosto, Natale. Ovvero: racconta quello che ti aspetti dal nuovo anno, com'è cambiato ferragosto, che regali (e per chi) metteresti sotto l'albero.

Il lungo preambolo serve a introdurre tre esempi di queste esplicite richieste di suicidio professionale.

Ho buttato un occhio alle previsioni degli astrologi. Uno prevede rapporti difficili nell'alleanza di governo, una celebre indovina azzarda che Andreotti «perseverante, tenace, provvisto del fascino di chi sa tanti segreti, è uno che se la cava sempre, ma dovrà soprattutto guardarsi dagli amici».

Che malinconia questi astrologi, bilanciati come i fondi investimento, nessuno che si butti, che preveda, ad esempio, che — perdurando la discesa del dollaro — l'Alfa Romeo si libererà con uno scrollone dalla Fiat e comprerà Ford e General Motors.

Certo, tirare a indovinare diventa sempre più difficile perché gli anni dimostrano di aver molta più fantasia di noi. Nell'anno che finisce abbiamo scoperto che Reagan vendeva armi a Khomeini, che Sacharov può tornare a casa e che soprattutto nessuno ha colpa per i suoi sette anni di guai (che avesse rotto uno specchio?), abbiamo imparato l'esistenza di una quantità di elementi chimici che nessuno sospettava: cesio, atrazina, specialmente metanolo. Abbiamo anche imparato che in una notte di tenerezza ci si può mettere d'accordo, lo vuoi maschio o femmina?

Il futuro non ci offre né quello che ci aspettiamo né l'esatto contrario. Ci spiazza sempre con qualcosa d'altro. E diventa ingrato anche il fatale giochino delle previsioni che, in occasione di Capodanno, si fa sui giornali. A richiesta, mi ci provo e la tentazione sarebbero i grandi auspici, tipo il superamento del consumismo in cui si sa il prezzo di tutte le cose e non si conosce più il valore di nessuna. O la speranza che i maxiprocessi arrivino alle maxisentenze prima che i criminali se la filino con le maxiscarcerazioni per decorrenza dei termini. Ma lascerò i grandi temi alle grandi menti e spigolerò nella cronaca per elencare qualcosetta che mi aspetto dal nuovo anno.

Non mi dispiacerebbe che si organizzassero charter gratuiti a Las Vegas o alle roulettes jugoslave per gli assatanati di Borsa, in modo da restituire questa istituzione a chi si accontenta di un reddito, accetta il rischio ma non la paranoia. Una Borsa senza speculatori — ha detto qualcuno — sarebbe come una casa compiacente senza le ragazze. Ma la Borsa italiana è una periferia di battone.

Vorrei inoltre che il Parlamento si degnasse di fissare il confine tra il diritto di sciopero e il gioco delle tre carte: all'aeroporto di Venezia, per esempio, è potuto accadere che i dipendenti incrociassero disciplinatamente le braccia solo quando veniva avvistato un aereo in atterraggio, riprendendo il lavoro pochi minuti dopo, quando il velivolo veniva dirottato su altri scali. E così l'aeroporto di Venezia è rimasto per lungo periodo senza aerei né passeggeri, con tutti i dipendenti in paga. Le autorità hanno spiegato che non si potevano precettare perché «di fatto» lavoravano. Vorrei che qualcuno mi spiegasse perché, «di fatto», non diventiamo mai un Paese serio.

Alle Usl — che, in un sondaggio, il 38 per cento degli italiani ha bocciato con ignominia (il restante 62 per cento, probabilmente, ci lavora dentro) — auguro come esempio di gestione sanitaria quello di un piccolo paese: Piancaldoli, citato solo dalle riviste di enigmistica perché rivendica i natali di Evangelista Torricelli, inventore del barometro. Soli e dimenticati, i quattrocento abitanti di questa borgata sull'Appennino tosco-emiliano si sono tassati per comprarsi un'ambulanza. L'autista è Tonino, che però fa l'elettrauto e spesso non c'è. Allora in tutti i negozi si possono trovare le chiavi della vettura, se c'è un'urgenza il primo che passa si mette al volante e aziona la sirena. D'estate, si organizzano feste e gare sportive: con i soldi si pagano bollo, assicurazione, benzina e pezzi di ricambio.

Mi aspetterei inoltre: un manifesto degli intellettuali per il sequestro di tutti i «dizionari delle citazioni» (si cita quel che si ricorda perché ci ha colpito; non si sceglie, sfogliando, una massima); una campagna con spot e manifesti contro quell'abominevole «attimino» e quel detestabile «fra virgolette» che saltabeccano nelle nostre conversazioni; un decreto legge che faccia divieto a tutti gli autori (compreso il sottoscritto) di bazzicar telecamere riducendosi a imbonautori delle proprie opere.

Per finire, qualcuno mi segnala il bando con cui l'azienda della famigerata nettezza urbana di Roma, «nel quadro di un programmato riassetto», provvede al reclutamento di una decina di funzionari tra cui un direttore risorse umane, un direttore sviluppo studi, un responsabile relazioni esterne, il cui «ruolo è finalizzato alla promozione e diffusione dell'immagine». Auguri: anche la merda — si deduce — ha bisogno di p.r.

Una vecchia barzelletta racconta di una compagnia in cui, per ovviare al fatto che si raccontavano sempre le stesse vecchie storielle, s'era proceduto a una loro classificazione numerica. Uno diceva 14, gli altri abbozzavano un sorriso, un altro raccontava la sua, 18, e così si passava la serata.

Anche nei giornali che da decenni fanno le cronache del Ferragosto si potrebbe introdurre il sistema del codice numerico, liquidando l'intero rituale in mezza colonna.

Ecco una proposta di numeri, tanto la frase la sappiamo già.

«L'afflusso degli stranieri, invogliati dal cambio favorevole, ha smentito ogni pessimistica previsione» (numero di riferimento proposto: 6).

«Dal consumo di elettricità e di latte si calcola che in città sia rimasto un quarto della popolazione» (25).

«Al valico del Brennero le code di autoveicoli hanno raggiunto i dieci chilometri» (64).

«Battuto ogni record degli incassi alla Stazione Centrale» (8).

«Approfittando del tradizionale esodo dei romani, i turisti stranieri si sono sentiti padroni della città» (51).

«Tutto esaurito sulla Riviera: i ritardatari hanno dovuto adattarsi a dormire in macchina» (77).

«I milanesi rimasti non hanno rinunciato alla tradizionale passeggiata in Galleria alla ricerca di un po' di fresco» (19).

«Sono in arrivo i temporali» (3).

Didascalia alla foto della turista nordica che «per trovare refrigerio alla calura non rinuncia al tradizionale pediluvio nella Fontana di Trevi» (88).

Foto di turisti in gruppo davanti al cartello del museo chiuso per ferie (82). Corsivo indignato al riguardo (39).

Foto degli imbocchi autostradali di Milano e Roma deserti a mezzogiorno (91).

Foto dell'agente polstrada appoggiato all'Alfetta con radiotelefono all'orecchio e l'elicottero sulla testa (43); relativo titolo «È scattata l'emergenza per il grande rientro» (45).

Percorsi alternativi per il ritorno (61). (Avvertenza fuori classificazione: considerati i mostruosi imbottigliamenti che si verificano nei percorsi consigliati, indicare come futuri percorsi alternativi le autostrade.)

Tradizionale articolo di Giorgio Bocca in vacanza col figlio velista (11).

Eccetera. Dovendo riferire sulla grande kermesse (104) della riviera romagnola posso aggiungere 16, 144, 95 e, volendo, 219.

Per finire c'è un aspetto che non può essere classificato con un numero perché nessuno ancora ne ha parlato. Le statistiche sulle presenze italiane e straniere, di solito, si fanno in base alle denunce degli alberghi. Ma gli albergatori, per salvarsi dalle tasse, denunciano solo una parte di ospiti. Ecco allora il test che smaschera ogni inganno: il depuratore.

Sarà prosaico, mi spiega un tecnico che lavora agli impianti di Cervia, ma negli strumenti di un depuratore puoi leggere l'andamento dell'estate, i suoi ritmi (per esempio, l'ora morta di mezzodì, quando son tutti in spiaggia e fanno pipì in mare; l'onda di piena delle quattro di notte, quando si scatenano le docce del dopo night).

Nei diagrammi di un depuratore puoi valutare quanti sono i tedeschi, i francesi, gli italiani: si alimentano in modo diverso, zuccheri, proteine, carboidrati e il loro ultimo messaggio fisiologico è inequivocabile come un'impronta digitale.

Imparo che i batteri — che ritenevo creature abominevoli — vengono amorevolmente allevati nelle vasche di un depuratore: sono essi che aggrediscono il liquame e lo degradano. Bene, questi microbi cervesi, abituati per nove o dieci mesi all'anno al loro tran-tran, entrano regolarmente in crisi quando cala l'opulenta Germania, imbottita di burro, di würstel e di birra. Così i poveri batteri romagnoli vanno aiutati chimicamente, irrobustiti, sostenuti nell'impari lotta. I popoli ricchi, quando si appartano, sono più onerosi da biodegradare.

Quarant'anni fa in questo settore a Cervia non si spendeva nulla, anzi ci si guadagnava. Non esistevano i concimi chimici e quelli naturali erano richiestissimi: la gente del paese vendeva a quella di campagna i suoi pozzi neri. Le tariffe variavano di molto perché la popolazione era composta di pescatori che mangiavano poveramente e salinari che se la passavano bene: anche il loro concime, in dialetto «e mardò», rispecchiava nelle quotazioni censo e relative calorie.

A volte avvenivano furti: i ladri di «mardò» arrivavano silenziosamente di notte, con i cavalli dagli zoccoli fasciati di stracci, e pompavano nei carribotte. La mattina i salinari scoprivano i loro forzieri violati, denunciavano il furto, si svolgevano indagini, talvolta si trovava la refurtiva.

I pescatori venivano risparmiati da queste scorrerie; erano poveri diavoli anche quando tiravano l'acqua. «E mardò» dei pescatori non valeva niente.

Regali di Natale. Una volta scegliere un dono era forse più piacevole che riceverlo, era un gusto più prolungato in cui si sommavano doti di psicologia e di fantasia. Un regalo centrato era un'affermazione di personalità, un successo, un colpo di genio.

Oggi bisogna scervellarsi per trovare un'idea originale, perché i ragazzini si mettono a urlare: guarda qui mamma sull'Espresso la *monopantofola da Tv* che ti hanno regalato: sta fra i regali spiritosi, costa sessantottomila lire.

Il regalo, in origine, era un gesto non dovuto, inatteso: la vera magia di un regalo era quella non tanto di indovinare, ma quasi di sorprendere un desiderio un attimo prima che si manifestasse. Oggi è divenuto un atto burocratico, un fatto di p.r., un'idea di marketing, un pedaggio da pagare nelle feste create in provetta (della mamma, del papà, di san Valentino).

Lo stesso regalo di nozze è diventato una tassa, come quella della salute: si passa dal negozio stabilito, si scorre la lista e si versa in base al reddito. I nubendi fanno l'accertamento.

Le minifelicità da regalo non sono quelle fissate dal calendario, ma quelle che improvvisiamo noi giocando sull'effetto sorpresa. Ma poiché è Natale, e i giornali si ritengono tenuti a parlarne, a richiesta mi ci provo: cosa regalerei a chi.

Al presidente Cossiga regalerei il libro degli hobbies affinché lui, che non fuma la pipa e non gioca neppure a bocce, se ne scelga uno (ma in fondo questo è un regalo che farei ai fotografi dei rotocalchi).

Al mio amico Forattini manderei uno stock di tanga di carta perché, dopo tanti anni di pistolini, rinnovi un po' il look di Natta, Spadolini, ecc. A Guido Angeli regalerei un biglietto di prima classe (solo andata) per Vigarano Mainarda dove c'è l'amico Dondi e a Daniele

Piombi un invito per la Grande Festa Aiazzone, con prenotazione negli alberghi del posto per almeno due settimane, mentre noi tiriamo il fiato.

Alle aziende che mandano il presente spedirei un ideario: cose semplici, quattro candele per auto, un chilo di pere Kaiser, tutto fuorché l'agenda.

A Berlusconi non spedirei regali e gliene chiederei invece uno: trasmettere la sera della Befana un film qualsiasi, anche *Cabiria* o *Maciste*, senza dieci piani di morbidezza e i piatti che vuol lavare lui.

A Pippo Baudo la copertina della «Gazzetta Ufficiale»: l'unica che gli manca. A Piero Angela e Yas Gawronsky, due poltrone Frau perché ci spezzino il pane della scienza un po' più distesi, senza tenersi il ginocchio in bocca, appollaiati sullo sgabello.

A Enzo Ferrari regalerei una quarantina di cavalli e invece spedirei un Tir di merli indiani a politici e sindacalisti come promemoria parlato di quello che hanno dichiarato categoricamente il giorno prima e che si rimangiano il mattino dopo.

Salto a piè pari i doni ai personaggi femminili perché con le donne non ci si indovina mai: infatti in tante oreficerie è comparso il cartello «Si cambiano regali, massima discrezione».

Al ministro delle Finanze più che un dono metterei una lettera sotto il piatto: «Come tanti italiani tutt'altro che miliardari, cedo a lei oltre il cinquanta per cento dei miei introiti. Non mi sta bene ma mi adeguo. Però osservo: siamo due soci e io sono quello di minoranza, perché lei che incassa di più non si occupa un po' dei nostri affari comuni? Perché, diobòno, non va lei a trattare con i miei datori di lavoro, strappando un aumento per me ma soprattutto per lei?».

Regalerei inoltre una vecchia quercia al mio nipotino (basterebbe andare da un contadino, chiedergli quanto vuole per dire al piccolo che la quercia è proprio sua e per lasciargli invitare tutti i suoi compagni a far merenda nell'ombra di sua proprietà) e a Babbo Natale infine proporrei un Nonno Natale, perché i regali è bello farli, ma ogni tanto fa piacere anche riceverli.

Giunti a questo punto, farei una pausa e cambierei marcia. Invierei una lettera seria, molto triste, alla mamma del tenente paracadutista Maurizio Simone. Durante un lancio ad alta quota il giovane ufficiale si era accorto che il paracadute di un suo aviere si era attorcigliato. Allora ha fatto una cosa incredibile, che credevamo appartenesse alla fantaepica di Superman: si è lanciato in caduta libera, lo ha raggiunto dopo un vertiginoso volo di duemila metri, ha disperatamente cercato di dargli aiuto, si è schiantato assieme a lui.

Scriverei: «Fra tanti uomini grigi che lasciano violentare una donna senza muovere un dito, brilla ogni tanto gente splendida come suo figlio. Mentre noi ci scambiamo regali infiocchettati, lui ha regalato la vita. Come misero conforto, le offriamo la nostra sbigottita emozione».

EFFETTI PERSONALI

Da qualche tempo se incontro qualcuno che mi chiede come va, rispondo: bene, però ho un dolore al braccio sinistro che mi tiene sveglio la notte. Nove volte su dieci il mio interlocutore s'illumina, dice che anche lui ha un dolore al braccio sinistro e comincia a chiedere se sono fitte, o qualcosa di simile a scariche elettriche o a un pechinese che ti rosicchia l'osso.

Non so se sia suggestione o solidarietà, ma appena si accenna al braccio sinistro, è subito un'epidemia. Ho trascorso piacevoli serate a parlare del braccio sinistro con amabili persone oltre i cinquanta (se eccezionalmente si incontra un quarantenne che ha già di questi problemi, diventa subito una mascotte).

Ci si interroga sulla sintomatologia (il mio dolore comincia dall'omero e scende giù, il mio serpeggia fino al polso, il mio invece parte dal gomito e sale verso la spalla), si parla delle contromisure notturne (io per avere un po' di tregua lascio penzolare il braccio fuori dal letto, io lo prendo con la mano destra e lo sposto delicatamente come se fosse un soprammobile di vetro), ci si informa sulle varie terapie tentate, che vanno dal caldo secco del termoforo a sabbia fino alla borsa del ghiaccio, e spesso ci si divide il compito di sperimentare cure più radicali: lei provi i fanghi che io provo le applicazioni, poi ci scambiamo le impressioni e i risultati.

Raramente uno del braccio sinistro va dal medico. Primo, perché pensa che si tratti di una cosa passeggera. E successivamente perché si convince che contino di più le esperienze fatte dagli altri del braccio sinistro.

Per questo sulla denominazione del malanno vige la più ampia libertà: qualcuno è convinto di avere un'artrite reumatica, al che c'è sempre qualcuno che ironizza, ma no, è un reumatismo articolare; una minoranza sostiene la tesi di un'artrosi reumatoide, la maggioranza opta per la periartrite.

Una sera ho tenuto banco teorizzando un «reumartroide» di cui nessuno aveva sentito parlare per il fatto che l'avevo ideato al momento. Ma non è il nome, è il male che alimenta la solidarietà nel grande club del braccio sinistro.

Su questo braccio esiste ormai una letteratura: il sinistro è un braccio stupido, destinato al grippaggio perché non lo si usa mai, inoltre in macchina sta dalla parte del finestrino. Il destro è quello che si aggrappa alla maniglia del tram, dà vigorose strette di mano, si agita ai comizi, taglia bistecche di polietilene, trascina negli aeroporti armadi da viaggio, pratica dello sport (se si rema in moscone, si gira in tondo perché il sinistro non ha forza, è un falso braccio). Anche in auto l'omero che lavora ruotando nella sua cavità è il destro, quello della leva del cambio. Il sinistro solfeggia miseramente con l'asticciola delle frecce e l'unica cosa che sa fare è, appunto, quella di prendersi spifferi.

Nell'arco della vita si passa il morbillo, la scarlattina, la varicella. Poi viene il braccio sinistro che però non passa e per questo non si capisce perché non lo considerino una malattia sociale con pensione di invalidità.

Noi del braccio sinistro ci riconosciamo, anche se non ne parliamo espressamente: ogni tanto con la mano destra ci palpiamo l'omero. E a questo punto si può andare a colpo sicuro: lei che pomata si dà? (I comodini di noi del braccio sinistro sono apparecchiati con tubetti di vario colore: c'è l'unguento pre-sonno, quello d'emergenza per i risvegli apocalittici, quello dell'alba. Spesso c'è anche il «Tiger balsam» di Hong Kong che fanno vicino a Cesena. E questo ripaga delle tovaglie romagnole che fanno a Hong Kong.)

Ogni tanto nella conversazione si inserisce qualcuno che dice che ha male anche lui, però al braccio destro, per esempio il gomito del tennista. Ma viene educatamente emarginato, appartiene a un'altra cultura.

Un amico mi dice che si sveglia sempre più presto e scopre che questa abitudine si diffonde. Perché allora non organizzarsi fra mattinieri, scambiarsi i numeri di telefono, chiedere precoci programmi radiotelevisivi, ecc.?

L'insonnia mattutina era una privata dannazione e oggi è una moda che imperversa: Gianni Agnelli ha fatto scuola, non soltanto con i gessati e il rolex sopra il polsino. Nelle interviste, schiere di protagonisti rampanti fanno a chi si alza prima, piazzandosi subito al videoterminale da cui dipende il destino del Paese. Ma è facile barare: chi controlla a quell'ora? (Io ho controllato con qualche test telefonico e ho ricevuto dei «pronto» cavernosi, impastati di sonno e di contrarietà.)

La Doxa ha fatto un'indagine sugli italiani «mattinieri»: l'ora media in cui si alzano sono le 7.08. Sogghigno: per me è un'ora quasi pomeridiana. Con le mie 5.30 mi considero un protomartire.

Come tanti, mi chiedo per quale misteriosa nemesi — dopo aver sussultato per decenni al trillo di una sveglia —, ora che potrei dormire a volontà, i miei neuroni cerebrali trillano inesorabilmente alle cinque e mezzo, esatti come l'ora della Sip.

Le prime volte mi difendevo, conoscevo tutte le astuzie ben note agli insonni: fare lunghe inspirazioni, non guardare l'orologio fosforescente, non contare i rintocchi del campanile (che invece si stampano in testa come numeri abbaglianti), non accendere la radio perché, se si sente musica, significa che è ancora notte, ecc. Se nessuno di questi accorgimenti funzionava, mi alzavo, barcollavo per la casa, accendevo un attimo il televisore intravedendo ombre e righe di nessun conforto, mi appuntavo su un foglio le cose da fare nella giornata (per sgombrare la mente e predisporla a un sonnellino di recupero), tornavo a letto (su un divano, mai rientrare nello stesso giaciglio), sprofondavo in quei brevi smemoramenti che danno l'illusione di aver dormito un po'. Finché riaccendevo la radio e l'intramontabile sigla delle campane annunciava il nuovo giorno.

La notte più facile era quella del passaggio all'ora legale, le cinque e mezzo diventavano sei e mezzo. La più allucinante, quella del ritorno all'ora solare: le quattro e mezzo. Un'ora siderale, sospesa fra la notte e il giorno, come fra la morte e la vita.

Adesso, quando mi trillano i neuroni, mi alzo e basta. Guai a restare a letto svegli, ci assalgono i pensieri orizzontali che son sempre più catastrofici degli stessi pensieri verticali. Giro per le stanze al buio, ricordo la favoletta logica che mia moglie raccontava a nostro figlio piccolo il quale rifiutava di addormentarsi, se non a luce accesa: nel buio tutte le cose restano come prima, il tuo armadio, il tuo trenino, il tuo golf rosso e giallo; accendi e spegni fino a quando sarai sicuro che il buio è uguale alla luce.

Che dolce inganno. Come cambia una casa nel buio: i mobili, non visti ma palpati a tentoni, cambiano forma, ci sono stanze che sembrano più piccole, altre più grandi, ci si va a sedere su sedie e angoli di divano che si ignorano di giorno, i posacenere, i bicchierini, i cuscini sgualciti della sera prima sembrano tracce di un giallo. Anche nel *Plenilunio* di Buzzati il solito giardino con i soliti alberi sono sospesi in una dimensione nuova, inquietante.

Lievi rumori compongono una perfetta radiografia della casa: lo scricchiolio della credenza in cucina è diverso da quello del guardaroba e quel mobiletto pensile del Seicento ha ancora il coraggio di esalare un impercettibile gemito. Anche i primi suoni della strada sembrano incisi come acqueforti: riconoscerei fra mille altre la saracinesca del giornalaio e, quando arriva il primo autobus del mattino, dall'intervallo fra i due sbuffetti delle portiere pneumatiche capisco se è salito il solito passeggero delle sei e tre minuti o se stamattina ce n'era qualcuno in più. Mi torna in mente la nostra gatta. Drizzava le orecchie cogliendo l'inafferrabile clic dell'ascensore al piano e andava incontro a chi rincasava. Oppure, nonostante il televisore o l'aspirapolvere, avvertiva il remoto tintinnio delle forbici che le tagliavano il polmone. Gli animali non hanno un udito più sviluppato del nostro, ma solo più selettivo: odono quello che gli interessa e sfumano il resto.

Mi siedo alla scrivania, rileggo quel che ho scritto la sera prima, inorridisco. Ai tanti ragazzi che mi chiedono cosa fare per diventare giornalisti dirò: scrivete quando vi pare, ma rileggetevi fra le sei e le sette di mattina. È un'ora lucida, vengono persino delle intuizioni, ma bisogna svilupparle subito, se si prende un appunto, qualche ora più tardi non resta più nulla: il momento di grazia è evaporato. Speriamo in domattina alle cinque. Macché, niente da fare: ogni mattina è un pezzo unico.

I nottambuli, i biassanott hanno sempre goduto di maggiori simpatie degli antelucani. Gaudenti, ottimisti, ammantati da pomeridiani sbadigli di benessere. I secondi, tesi, accigliati, fra il nevrotico e il lamentoso. Il nuovo look dell'italiano mattiniero ha indotto maggior clemenza nel giudizio.

Ma al di là delle mode, un legame sottile unisce coloro che si svegliano a ore impossibili. Questa solidarietà si manifesta soprattutto d'estate al mare, quando far mezzanotte in compagnia è il minimo della decenza: verso le 22 gli antelucani si cercano con gli occhi e uno di essi a turno si alza, inventa qualcosa con il compito ingrato di spezzare l'atmosfera e dare inizio ai commiati.

Questa solidarietà nella privilegiata sventura mi sta bene. Ma glisserei su qualsiasi tentativo di «organizzare» le ore prima dell'alba. Per carità, che senso avrebbe svegliarsi presto senza quel po' di solitudine, silenzio, struggimenti?

Sento spesso vantare la propria distrazione e il proprio disordine, non m'è ancora capitato di incontrare qualcuno che si glori del suo essere ordinato, metodico. Vivere incasinati sembra che sia molto più interessante: genio e sregolatezza.

Appartengo (senza genio) alla prima categoria, non me ne vanto e, al contrario, mi darei dei pugni in testa: distrazioni e disordine mi costano tempo, serenità e mi rafforzano nella convinzione di vivere con una marcia di meno, condannato a girare a vuoto e a corrermi dietro.

Ho la testa via, tento di giustificarmi con mia moglie che si sente vittima. Lei replica: anch'io avevo la testa via, adesso ce l'ho qua, basta volerlo.

Ci ho provato tante volte a impegnarmi per superare questo handicap ma sono giunto alla conclusione che se dovessi rendermi consapevole di ogni più piccolo gesto (ecco, adesso poso qui gli occhiali; mi chiamano al telefono, allora la biro la metto nel bussolotto portapenne; mi infilo le scarpe perché devo andare al dibattito, cosa devo dire al dibattito? intanto però le pantofole vado a metterle al loro posto) non mi resterebbe più lo spazio per il mio lavoro e il mio relax.

Sarebbe come se fossi condannato a guidare la macchina non più con i gesti automatici, ma realizzando continuamente: adesso premo la frizione, poi innesto la marcia, adesso aziono i tergicristalli, eccetera...

Credo esistano esseri privilegiati per i quali la quotidianità spicciola è un fatto di automatismi: memorizzano meccanicamente dove lasciano le cose e intanto la loro mente continua a svolgere l'attività principale.

Detto questo, confessata questa mia poco esaltante menomazione, devo aggiungere che c'è un risvolto della medaglia. Per esempio, io fumo poco, ma se me ne viene voglia mentre sto scrivendo e non trovo la sigaretta, è una tragedia. Allora chiedo a mia moglie se ci sono sigarette. Lei dice di no. Io insisto: prova a cercare in qualche cassetto o in qualche borsetta. Ma se lei non le ha trovate nei posti canonici, significa che non ci sono e basta. Allora mi metto in azione io, passo in rassegna tutti gli armadi, esploro decine di tasche di giacche, cappotti, impermeabili, golf e trovo sempre, in un pacchetto accartocciato, un reperto di sigaretta.

Idem se restiamo senza denaro contante e non si può pagare il postino con un assegno di dieci o quindicimila lire. Rapida perquisizione del mio guardaroba e metto insieme la piccola somma.

Il disordine si rivela come un magico bazar dove si può rovistare per fronteggiare un'emergenza. Senza le mie sbadataggini, la vita, in casa nostra, sarebbe più difficile.

Non so per quale forza misteriosa alzo gli occhi dal giornale e li poso su uno scaffale della libreria, di fronte alla mia poltrona. Se era un'onda magnetica, doveva essere ben lieve, impercettibile: un piccolissimo topo mi fissa con gli occhietti a spillo. Un topolino come quelli di Walt Disney che tessono l'abito di Cenerentola. Forse è caduto dal tetto sulla terrazza. Per qualche attimo restiamo immobili, io col giornale aperto, lui acquattatto di fianco a un libro di Buzzati. Siamo noi due soli in casa, mia moglie è via per una settimana. Se ci fosse lei, griderei vieni qua che c'è un topo e mi rannicchierei sulla poltrona, come nelle vecchie vignette dove però sono le donne quelle terrorizzate. In casa nostra si sono invertite le parti: lei è laureata in scienze naturali e non ha tabù. Prende in mano le cavallette, i lumaconi: i ragni non li uccide, ma li cattura delicatamente e li mette fuori dalla finestra.

Non mi vergogno a confessarlo: un cane inferocito lo affronto, ma un piccolo topo mi gela il sangue. Quando mi avvilisco troppo a queste mie debolezze, mi consolo pensando a Humphrey Bogart nel film *La regina d'Africa*. Affronta tutto, sbaraglia tutto, ma quando risale sulla barca con le gambe coperte da sanguisughe, si mette a tremare come un bambino. Faccio un leggero movimento con le braccia, il giornale fa rumore, il topino si spaventa, salta sulla moquette, attraversa la stanza come un siluro, s'infila nella porta di cucina. Vinco il ribrezzo e vado a fare un sopralluogo. Tutti i mobili di cucina combaciano col pavimento, senza fessure. L'unico interstizio è nel blocco inox, sotto il secchiaio, nel vano della pattumiera. Tampono la fessura con giornali e quindi mi convinco che non posso aspettare il ritorno di mia moglie per demandare la soluzione del problema alle sue tecniche umanitarie. Faccio qualche telefonata, individuo il recapito dell'impresa di derattizzazione, vado a munirmi di mezzi adeguati. Spiego, domando, mi documento. Mi dicono che il topo è l'animale più intelligente dopo l'uomo. Più del delfino? Più del delfino. Sa come fanno a rubare un uovo di gallina? Uno si sdraia e si tiene l'uovo abbracciato sulla pancia: gli altri lo trascinano per la coda come una slitta. Torno a casa attrezzato e agguerrito e mi scopro pieno di esitazioni sul tipo di morte da decretare. Scarto subito la trappola: potrebbe agonizzare per ore. Scelgo i semi avvelenati: una fine più rapida e meno cruenta.

Il mattino dopo effettuo un controllo: il topino ha sbucciato i semi, li ha mangiati e ha diligentemente ammucchiato le scorie. Forse è già morto ma non mi va di fargli le esequie. Per maggior sicurezza metto altri semi ed esco di casa. La sera scopro che il topino ha ingerito anche la seconda razione. Forse è il caso di passare al veleno più forte, in bustine.

La mattina dopo è sparita anche la polvere. Telefono alla ditta e mi dicono che ci sono dei topi molto piccoli e molto mitridatizzati: farei bene se passassi alla seconda fase, quella del cioccolato: si colloca sul pavimento un pezzo di cioccolato, e si cosparge tutto attorno colla speciale. Ma non me la sento di ordire questa atroce imboscata. Lo dicevo prima: c'è una scala di crudeltà anche nella soppressione di un topo.

Mi capita al contrario una cosa curiosa: siccome devo assentarmi e so che il veleno provoca disidratazione, sistemo la solita polverina, ma ci metto accanto un piattino con acqua.

Quando rientro è sparito il veleno ed è sparita anche l'acqua. Sono un ridicolo killer che respira di sollievo accorgendosi che ha mancato il bersaglio. Se è vero che il topino ha un elevato quoziente di intelligenza, potremo convivere senza interferire nelle reciproche abitudini fino al ritorno di mia moglie, poi si vedrà. Ma non escludo l'adozione. Per il vitto basteranno cento lire di veleno a pasto.

IN PRINCIPIO ERA IL SESSO

Ricevo la seguente lettera:

«Sono una donna di 38 anni, carina, intelligente in maniera giusta, attiva, serena e felice di vivere. Ho un marito come si dice *meraviglioso* che rispetto e al quale voglio molto bene, di un bene profondo dopo un grande amore.

«Collaboro con lui nel suo lavoro, gli sto al fianco, lo aiuto se ha bisogno, lo stimolo se va spinto, lo curo se è ammalato, lo rassereno se è di cattivo umore, lo lascio in pace se vuole star solo. Abbiamo un rapporto ideale: parliamo, abbiamo interessi comuni, amiamo le stesse cose.

«Un matrimonio perfetto fino a quanto lui ha calato la sua attività sessuale, arrivando alla quasi totale inattività. La cosa per qualche tempo non mi aveva preoccupata: ho i bisogni sessuali di una persona *sana di corpo e di mente*. Poi mi sono accorta che il mio carattere mutava, diventavo isterica, astiosa, inacidita e il nostro rapporto si stava guastando. La soluzione è arrivata abbastanza naturalmente attraverso un rapporto puramente fisico con un altro uomo. Ho ritrovato la serenità e l'equilibrio che mi erano mancati. Devo dire paradossalmente che ho salvato il mio matrimonio andando a letto con un altro.»

Presumo che lei non voglia sentirsi ripetere le teorie dei moderni sessuologi, che certamente già conosce perché i rotocalchi ne straripano. E cioè che anche i sentimenti romantici come l'amore sono regolati da una specie di centrale chimica chiamata ipotalamo. Catullo, Saffo e probabilmente anche Prévert non lo sapevano, ma l'acetilcolina o le endorfine prodotte dai loro neurotrasmettitori erano aride ispiratrici delle loro tenere emozioni.

E saprà anche che è più facile combinare in laboratorio le molecole dell'ossigeno, dell'idrogeno o del carbonio che non il misterioso incontro biochimico fra un uomo e una donna: questo almeno lo sostengono i sessuologi e gli psicologi spalleggiati da fisiologi ed endocrinologi. Secondo loro il matrimonio monogamico ha un'autonomia limitata: l'ipotalamo è volubile, ragiona in termini neuroelettrici, ci tende continue trappole.

Se lei avesse voluto un parere specialistico non avrebbe scritto a me, anche perché si sentirebbe già chimicamente assolta, avrebbe già il suo alibi molecolare.

E allora, poiché anche il substrato biochimico dell'amore deve fare i conti con la nostra cultura, la nostra educazione e la morale corrente, le dirò quello che ho pensato leggendo la sua lettera.

Devo premettere che non so se l'infedeltà dell'uomo è meno grave di quella della donna. E non lo so perché non sono una donna e la psicologia femminile è un pianeta che gli uomini tentano di conoscere (e viceversa) con risultati molto parziali.

Mi sono sempre limitato a prendere per buone le testimonianze o le confessioni di tante donne. Per esempio che il desiderio, in loro, nasce in modo più complesso che non negli uomini. Basta la vista di una donna attraente, in tram o sulla spiaggia, per far scattare un corto circuito in quell'abominevole essere chiamato uomo: è per lui che hanno addirittura inventato lo spogliarello.

La donna — mi ero convinto — è un motore diesel, si scalda più lentamente, ha bisogno di un'atmosfera, lo strip-tease che la turba è di natura cerebrale, emotiva. Da qui nasce la considerazione: la donna è meno esposta alle intemperie, è meno disponibile all'infedeltà prêt-à-porter, ma, proprio perché ha bisogno di maggior coinvolgimento sentimentale, quando accade, parte per la tangente.

Ho creduto coscienziosamente a tutto questo fino a quando in tempi più recenti ho letto o ascoltato che non era vero niente: prima non c'era il coraggio di affermarlo, ma è sufficiente un certo tipo di sguardo a riscaldar le vene anche a fanciulle e signore. Mi adeguo, scardino la mia cultura maschilista e riconosco piena parità anche nel grado di ebollizione.

Ciò premesso, le dirò che per me lei non ha salvato tanto il suo matrimonio quanto il suo inadempiente marito dai suoi (comprensibili) nervosismi, dalle sue (giustificate) acidità; e ha salvato i suoi figli — se ne ha — dai suoi malumori. E lo ha fatto con una soluzione che non ha niente di straordinario, di inventato, per farla gridare al miracolo come se avesse scoperto il toccasana di uno dei più frequenti mali che affliggono le coppie normali.

Ciò che lascia perplessi è la sua tranquilla coscienza: sorprende la sua capacità di sentirsi a posto e addirittura meritevole, come se avesse immolato qualcosa di se stessa per la giusta causa di una convivenza serena con i suoi.

Immagino che lei sia una signora insospettabile e questa è la cosa che mi infastidisce di più. La fiducia in amore sottintende un margine di rischio, senza il quale si chiamerebbe con un altro nome: certezza. Preferisco la fiducia: si sta svegli, si vive più intensamente. Con la certezza ci si abbandona, ci si dorme pure su.

È deprecabile, ma ogni tanto si verificano situazioni in cui si viene meno alla fiducia di chi ci ama. Certo si può evitare l'inganno, adottando la sincerità totale. (Oggi i giovani si sposano a diciott'anni e si separano prima di averne compiuto diciannove: si lasciano per overdose di sincerità, cioè si raccontano tutto, anche le stupidate e poi vanno dall'avvocato: nessun sotterfugio, è edificante. Ma perché si sposano?)

Però accade anche che si decida di non ricorrere a questa sincerità totale, perché si ritiene che l'intermezzo sia trascurabile o che la crisi più seria possa essere superata con relativo salvataggio del matrimonio. È in questi casi che distinguo fra «semisincerità» e totale insincerità.

Il «semisincero» vive l'inganno sulla sua pelle, gli viene l'ulcera, la nevrosi. Ma soprattutto il «semisincero» non ha mai alimentato nel coniuge una cieca fiducia, gli ha lasciato un'ombra di dubbio, ha cercato insomma di non barare troppo, di mostrarsi per quello che è con le sue idee e il suo temperamento.

L'insincero integrale è invece quello che ha costruito di sé un'immagine diametralmente opposta a quella reale. Il vero tradimento, secondo me, è questo: perché quando viene scoperto non procura solo sofferenza, ma annichilimento: chi era dunque quella persona che credevamo di conoscere? Mi sembrano meno colpevoli coloro da cui «c'era da aspettarselo».

Il suo mi sembra un delitto perfetto e cerco di immaginare quali nobili ipotesi abbia fatto il suo fiducioso consorte per spiegarsi la sua trasformazione, da inquieta e da aspra, a dolce e serena compagna.

Lei insomma mi ispirerebbe comprensione e simpatia se la sentissi tormentata, se la immaginassi impacciata nel giustificare le sue assenze, intrappolata nell'invenzione di spiegazioni che nessuno chiede, forzatamente gentile e premurosa. Se insomma fosse come tutti gli infelici a cui è capitato di trovarsi in condizione di regolare tradimento.

Come sanno tutti (anche coloro che non conoscono le valenze delle molecole amorose), sentimento e sesso sono due compagni di strada che a un certo punto possono separarsi. E ciò rappresenta il tormento, a volte il dramma di tante coppie che si spezzano o cercano di tirare avanti, per non perdere quel tanto di sintonia spirituale e di tenerezza che avevano messo insieme.

Lei ci comunica trionfalmente di aver risolto il teorema di Pitagora. E io mi trovo in difficoltà nel provare per lei ammirazione o invidia.

Che signore o fanciulle del mondo dello spettacolo ogni tanto posino con cosce più o meno a compasso davanti al fotografo delle riviste erotiche, non mi scandalizza in modo particolare. O pensano di fare carriera. O temono che la carriera sia agli sgoccioli e che un rilancio di questo tipo possa funzionare. O semplicemente hanno bisogno di soldi.

Mi stupiscono piuttosto le spiegazioni che, nelle interviste, danno di questi loro strip attraverso il buco della chiave del rotocalco. Spesso la spiegazione coincide con una specie di doloroso stupore: il fotografo «ha giocato sulla loro buona fede», non si aspettavano di trovarsi nude in edicola.

L'ultima a esprimere il suo risentito candore è Eleonora Vallone, trent'anni, figlia d'arte: intervistata da «Donna più», racconta che un pomeriggio arrivò a casa un fotografo per fare gli interni dell'appartamento. «Perché» le chiede il fotoreporter a un certo punto «non proviamo a fare qualche posa nuda? Vediamo come vieni.» Ma certo, interno più interno meno, Eleonora si sfila tutto e posa sotto la doccia.

«Quando vidi il servizio su "Playboy"» confessa la signora «credetti di morire di vergogna.» È chiaro che non se l'aspettava, credeva che le foto servissero all'archivio segnaletico della polizia.

Indignata, la bella Eleonora vola a Parigi, rintraccia il fotografo, voleva «ucciderlo», si accontenta di sputargli in faccia e a questo punto siamo autorizzati a pensare che la fanciulla sia ormai vaccinata contro un certo tipo di inquadrature.

E invece no, eccola che riappare in un nuovo servizio molto più audace del primo: l'intervistatore glielo fa rilevare. Eleonora spiega con molta naturalezza: «Quando uscirono le prime foto mi dissi: ormai è fatta. Tanto vale che posi per qualcuno di cui mi possa fidare».

E, col ritrattista di fiducia, parte per l'Africa, espone coscienziosamente i centimetri quadrati più richiesti (sempre quelli, l'anatomia femminile non si rinnova come la moda estate inverno). E ancora una volta, quando esce il servizio, ci resta male: «Avevano scelto le foto più scabrose, il risultato mi metteva a disagio».

È probabile che anche in questo secondo strip, Eleonora si aspettasse che venissero valorizzati i gomiti, l'alluce e i lobi delle orecchie. E infatti alla domanda «Credeva che al fotografo interessasse il paesaggio equatoriale?», la signora Vallone — folgorata da un'intuizione fondamentale — dichiara: «È difficile accorgersi di dove il fotografo punta la macchina».

Ed è sempre sorpresa, colta in contropiede, anche quando accetta di posare per il terzo servizio fotografico e ne constata i risultati in carta patinata, accidenti si vede proprio tutto. «Mi ha dato proprio fastidio» conclude Eleonora «la scoperta dell'atteggiamento equivoco dei fotografi: tutti amiconi, ma poi cercano sempre di fotografare la stessa cosa.»

Quindi aggiunge di avere un «bellissimo rapporto» col suo corpo ma di «sentirsi come una bestia innocente: ce n'è voluto perché capissi la malizia degli altri».

Forse non sarebbe male se Eleonora, a trent'anni suonati, cominciasse ad avere un bellissimo rapporto, oltre che con il suo corpo, anche con il suo cervello.

Si riconoscono perché sono pallidi anche d'estate. Non è un pallore anemico o ipocalorico. È un pallore particolare, un po' bluastro, pallore da video.

Sono gli adolescenti che non si divertono alle partite di calcio nel campetto parrocchiale, non si divertono nelle gare di motocross, non si divertono in spiaggia o in discoteca.

Si divertono soltanto in camera loro, davanti al videocomputer dove combattono guerre spaziali, o pilotano bolidi di Formula 1 fra le chicanes di un gran premio, o telecomandano con diabolici riflessi l'ometto imprigionato nel labirinto.

Bene. Un nuovo brivido elettronico agita i patiti dei videogiochi: il porno calcolatore. Al confronto, il vecchio cinema con la luce rossa scade a passatempo per educande: di un filmetto *hard core* infatti si può essere soltanto spettatori, mentre nel porno-video si può intervenire.

Qualche esempio. In *The farm song* c'è un uomo di campagna che incontra una bionda di grattacielo. È voglioso ma impacciato. La situazione è aperta a qualsiasi sviluppo. Il programma lo decide il giocatore: premendo pulsanti fa compiere ai due quello che vuole lui, trasmettendo loro le sue fantasie erotiche.

In *Strip poker* le protagoniste sono due fanciulle che giocano a spogliarsi, ma sbagliano qualche mossa. Interviene lo spettatore col telecomando e le spoglia lui.

Ma la vera porno-rivoluzione è un'altra: quella di poter inserire nella memoria del calcolatore le sembianze di personaggi veri e di usarli a proprio piacimento. È probabile che il linguaggio della compagnia si arricchirà di nuove frasi: «No, stasera non vengo, stasera mi faccio l'Ornella Muti». Oppure: «Questo weekend resto a casa, ho un paio di idee orizzontali da verificare con Mickey Rourke».

Certo col porno-video non si corrono i rischi dell'Aids. Però se ne corrono altri. Che dopo aver avuto rapporti elettronici con tante celebrità si trovi deludente il fatto di giacere tra vere lenzuola accanto a un banalissimo partner che, per di più, non obbedisce al telecomando.

Fra le più leggendarie polizze d'assicurazione, svetta quella di Marlene Dietrich che pagò 200mila dollari dell'epoca per coprire da rischi le sue gambe. Una curiosa clausola del contratto la obbligò ad avvolgere polpacci e cosce con calze di seta, estate e inverno. Sofia Loren assicurò il seno per 250 milioni, senza particolari obblighi di tenerlo al coperto. Con Serena Grandi ha inizio l'èra giudiziaria del seno. Accusata da un rotocalco di aver restaurato con bisturi e paraffina i suoi attributi, l'attrice citò in giudizio il settimanale e fu risarcita. Adesso è il turno di Tinì Cansino, superpettoruta di «Drive in». Un settimanale ha pubblicato in copertina la foto di una sconosciuta con due mele di grosso calibro: «Le mie sono autentiche,» sostiene la tizia «quelle della Cansino no». E a sostegno della tesi, la maggiorata in cerca di notorietà esibisce vecchie foto della Cansino: «Guardate com'era».

La sexy-star si è rivolta al pretore, sostenendo che quella foto non è sua ed è «lesiva e riduttiva della sua personalità» (mi piace quel riduttiva). Inoltre ha fatto allegare agli atti alcune foto apparse su vecchie riviste erotiche dalle quali appare la consistenza del suo seno Doc.

Non mi sembra una prova risolutiva: l'intervento chirurgico avrebbe potuto esser precedente. E mi chiedo allora a quali tecniche potrà ricorrere il pretore per accertare l'autenticità o meno delle anatomie in questione. Il guanto di paraffina smaschera l'assassino. Che guanto ci vuole per smascherare un seno di paraffina?

Paul Newman, sprovvisto di seno, ha fatto invece appello alla giustizia per offesa alla statura. Vilipeso da un cronista che l'aveva definito «non più alto di 1,73», ha chiesto una verifica, esigendo 200mila dollari per ogni centimetro in più e riservandosi di chiedere i danni morali.

Ricordo, in prima ginnasio, analoghe, gravi controversie. La sfida era a chi ce l'aveva più lungo. Ma non scomodavamo il tribunale, ci bastava un doppio decimetro.

L'equo canone, come si sa, ha praticamente annullato le speranze di trovar casa in affitto. Ma scorrendo le colonne della piccola pubblicità si individua un nuovo filone erotico-immobiliare. Trascrivo qualche annuncio: «Affittasi garçonnière di lusso a persone referenziate, massima riservatezza». «Monolocale lussuosamente arredato affittasi esclusivamente per uso garçonnière a persona referenziatissima.»

Per chiarire meglio il concetto, un inserzionista bolognese precisa: «Affitto garçonnière arredata zona Battindarno a persona sposata avente casa propria. Inutile telefonare senza tali requisiti». È umano chiedersi se per i *requisiti* richiesti è necessario l'avallo del coniuge tradito o basta quello del partner.

Mi aspetto da un momento all'altro inserzioni ancora più specificate: «Affittasi bidè ammobiliato»: così tutti afferrano al volo senza bisogno di altri dettagli che costano 50mila a parola.

Mi sembra che in questo nuovo e fiorente mercato della garconnière sia opportuno qualche consiglio a chi cerca semplicemente casa. Alle signore anziane, che si presentano alle agenzie immobiliari, consiglio trucco pesante sul viso e voce roca Marlene Dietrich. Se se la sentono, buttino là anche qualche frase tipo: la camera va bene, ma gli specchi dove sono?

Alle coppie appena sposate consiglio invece di cercar casa separatamente e il primo che la trova riceva l'altro clandestinamente. Per i coniugi non c'è pietà.

Alle coppie oltre le nozze d'argento suggerisco di chiedere l'annullamento e di presentare alle agenzie la relativa documentazione. Poi, senza farsi troppo notare, cerchino di convivere, annullando l'annullamento.

Infine c'è il problema delle referenze (le garçonnières vengono offerte a persone referenziatissime). Ma qui a mia volta avrei bisogno di lumi: di chi devono essere le referenze? Di Marina ex Lante della Rovere? Oppure bastano le testimonianze di una Cinzia qualsiasi?

ACCECATO DALL'IRA

Un'anziana signora mi ha scritto: «Quando ero ragazza, se qualche malintenzionato mi disturbava, c'era sempre qualcuno che si fermava e prendeva le mie difese. Perché è scomparso il coraggio civile?».

L'altra sera in auto mi sono accorto che saliva la temperatura dell'acqua: ho aperto il cofano, un manicotto di gomma si era rotto. Forse con un fiasco sarei riuscito a percorrere i venti chilometri che mi separavano da casa. Ero su una strada di campagna, c'era una cascina poco distante: buttai un occhio all'orologio, erano le dieci e mezzo, dall'interno proveniva un borbottio di televisione. Suonai; alla voce maschile che rispose dietro le imposte chiuse spiegai la situazione. L'uomo ebbe un'esitazione, poi disse che avanti un chilometro c'era il paese. Quindi richiuse i vetri.

Risalii in auto e raggiungendo a passo d'uomo l'abitato feci qualche considerazione. La storia del fiasco d'acqua poteva essere una scusa, l'uomo non aveva voluto correre rischi, le cronache in fondo gli davano ragione. Ma poi considerai che, oltre quarant'anni fa, in quella stessa casa era stato forse accolto e nascosto qualcuno inseguito dai tedeschi. La storia dell'ultima guerra è anche la storia di migliaia di uomini (ebrei, sbandati, giovani scampati ai rastrellamenti) messi in salvo dai contadini che li nascondevano nei granai e davano loro da mangiare attraverso le botole. Non rischiavano come oggi soltanto una rapina. Rischiavano la fucilazione.

Dov'è finito, si chiede la signora, questo spirito?, perché non si incontra più questa solidarietà?

Io credo che gli eroi a tempo pieno non esistano: soltanto nella mitologia greca c'erano questi superuomini che si sobbarcavano otto ore di eroismo al giorno, comprese domenica e settimana corta. E credo che invece un uomo divenga eroe secondo le circostanze che gli procurano questo stato di grazia. Durante la prima guerra mondiale, quando si procedeva alla decimazione dei disertori, ci si accorse che tra i fucilati c'erano delle medaglie d'oro. Nel momento di grazia avevano compiuto qualcosa di straordinario, poi, estenuati dalla trincea, erano crollati. Fino alla diserzione.

Anche i contadini di quei terribili anni Quaranta hanno vissuto gli stati di grazia in cui l'azione che si sente di dover compiere è più forte della paura. Sono convinto che una persona appena sensibile provi una specie di eroica esaltazione nel dare una mano agli altri, purché il male sia comune e le esigenze di difesa pure.

Durante la guerra c'era una forte tensione degli animi, l'attesa della pace, di un mondo migliore: anche fra i civili erano tanti quelli che pensavano di dover fare la loro parte. Il pericolo era un compagno di viaggio: piombava dal cielo o da una rappresaglia in terra. E questa abitudine al rischio rendeva più istintivo anche rischiare per gli altri. (La notte in cui passò il fronte, ricordo che con tre altri ragazzi mettemmo in salvo una compagnia di ragazzi appena più anziani, con le piume sull'elmetto, portandoli sotto le cannonate in un magazzino; l'autoesaltazione ci aveva trasformati in piccole vedette lombarde.)

Ecco cosa non c'è più: una certa abitudine al rischio comune, la solidarietà nel rischio comune. Contro la violenza di oggi siamo isolati, il vecchio vaccino contro la paura non funziona più. La prosperità apparentemente ci unisce in allegre tavolate, ma più sottilmente ci divide: ognuno con le sue ingiustizie, le sue recriminazioni, i suoi risentimenti. Anche la paura si è frammentata, casa per casa: coviamo singole paure dietro porte blindate.

Chiamiamo «indifferenza» quella che è invece un'epidemia di viltà. Sarei tentato di intervenire nei litigi come si usava un tempo, ma una volta che ho accennato a farlo ne sono stato decisamente sconsigliato da una decina di giovani che assistevano impassibili al pestaggio di una ragazza da parte del suo moroso: «Se qualcuno si intromette nei fatti suoi, diventa una bestia». Ma erano una decina e avrebbero avuto ragione anche della bestia.

Oggi non si soccorre un ferito per non aver rogne con la giustizia. Allora le «rogne» potevano essere un plotone d'esecuzione. Non rimpiango, constato.

Anthony Burgess, autore di quell'*Arancia meccanica* che oltre vent'anni fa aveva minuziosamente previsto l'esplosione di violenza giovanile, ha detto in una recente intervista che gli inglesi sono un popolo violento (come dimostra la tragedia dello stadio di Bruxelles): «Abbiamo cercato di contenere la nostra aggressività orientandola verso l'impero o le guerre. Ma adesso l'impero non c'è più e la guerra come modo per mettere a posto le cose è diventata impossibile».

Anche Burgess conferma le convinzioni dell'uomo comune: le guerre sono sempre scoppiate per interessi politici ed economici, ma sono sempre state anche una valvola di sfogo per le violenze individuali.

Chi voleva menar le mani in Italia, nei primi quarant'anni di questo secolo, ha potuto «scegliere» fra due guerre in Africa, una in Spagna e due mondiali.

Dalla fine dell'ultimo conflitto sono passati altri quarant'anni senza cannone. Gli interessi politici ed economici hanno trovato altre strade meno sanguinose. La violenza individuale invece ha trovato altre strade, ma ugualmente sanguinose: le conosciamo giorno per giorno dalle cronache.

La vecchia Europa senza guerra è come se fosse sotto antibiotico: per tamponare dei guai se ne scatenano altri collaterali.

Sembrerebbe eccessivo augurarsi un conflitto nucleare o anche semplicemente convenzionale per scaricare l'aggressività di chi, se non picchia, non sta bene. Ma mi chiedo perché i governi dell'Occidente non firmino un accordo di questo genere: i picchiatori da stadio, da osteria o da night club, anziché arrestati, multati e rilasciati, vengano imbarcati su voli charter (a totale carico dei ministeri dell'Interno) per una serie di weekend in Libano, Afghanistan, Nicaragua, alla frontiera iraniano-irachena. Opportunità di scaricarsi nel corso di questi fine settimana non mancano. Chi sopravvive e torna a casa può scegliere fra la definitiva rinuncia a menar le mani in patria o un ulteriore week-end.

Fu abrogato nel 1981. Si chiamava delitto d'onore ed era considerato dal codice penale con un occhio di riguardo: per esempio, chi sorprendeva il coniuge fra braccia altrui e, «accecato dall'ira», lo faceva fuori (del tutto o parzialmente) andava incontro a una pena ridotta di due terzi.

Era il residuo di una mentalità barbara — si sostenne —: la gelosia, l'orgoglio e altre analoghe debolezze dell'animo umano non meritavano la comprensione del legislatore. In una società adulta non c'era posto per simili arcaiche passioni.

In questo senso la società italiana è maturata: oggi si uccide o si ferisce con i nervi a posto, se ci si fa accecare dall'ira si manca il bersaglio. Una vita umana, è stato accertato, oggi vale 500mila lire, più le spese: è la tariffa richiesta da un killer di medio calibro per far fuori una vittima di medio calibro. Un killer che esplode un colpo per questa cifra è un ragioniere che ha fatto quattro conti e ha concluso che la sua prestazione è retribuita adeguatamente. È l'omicida adulto di una società adulta che ha bandito le spinte emotive dal delitto.

Eliminata la deprecabile clemenza verso chi uccide per gelosia, la legge si è potuta permettere altre comprensioni verso chi uccide per sbarcare il lunario o verso il terrorista che ammazza un «simbolo». Chi, dopo aver commesso il reato, si pente, ha diritto a uno sconto di pena.

Il pentimento dell'omicida passionale non arrecherebbe nessun vantaggio alla società: pentendosi, collaborando con la giustizia, cosa mai potrebbe confessare? Che il covo in cui ha sorpreso il coniuge è in via Garibaldi? Che l'amante lasciava la Panda in via Mazzini? Non sono notizie che interessano la giustizia. È un pentimento da confessionale, non da istruttoria.

Il terrorista, il mafioso, il camorrista, il killer a tariffa, invece, hanno tanto da raccontare: chi era il mandante, chi erano i complici, dove si possono scovare. Questo sì che è un pentimento redditizio: un assassino così, che uccide senza stupidi sconvolgimenti del momento, che si pente sempre a mente fredda facendo un po' di contabilità (tanti nomi, tanti anni di galera in meno), merita la gratitudine del legislatore.

Il quale legislatore ha inaugurato un altro genere di comprensione: per il reato collettivo. Se il trasgressore è isolato, la legge è inflessibile. Se i trasgressori sono tanti, si organizzano, fanno cortei o barricate per difendere il loro diritto al reato, il legislatore ci ripensa, modifica la legge, introducendo varianti e attenuanti.

Com'è noto, nel Sud bastano quattro figli per legittimare una casa abusiva di quattro piani. Naturalmente gli abusivi devono trovarsi in uno stato di comprovata indigenza. Siccome l'unico metro per valutare l'indigenza è la denuncia fiscale, i gioiellieri, se sono prolifici, hanno diritto al grattacielo.

Al momento attuale gli appartamenti intestati ai figli devono trovarsi nello stesso stabile, ma in Parlamento c'è già qualcuno che osserva: perché mai un figlio non può risiedere anche in una casa diversa, per esempio in una villetta unifamiliare? Prima o poi si sosterrà che la villetta può trovarsi anche a Cortina e, se poi il figlio ci risiede solo a Capodanno o per Pasqua, son fatti suoi.

Un mio amico che s'era comprato a Venezia settanta metri da ristrutturare e c'era una bifora che era stata chiusa con mattoni e lui l'ha ripristinata com'era nel Settecento, ma aveva presentato domanda irregolare, ha dovuto pagare quattro milioni di multa. Questa si chiama la certezza del diritto.

Considerata l'ondata di sconti e di ribassi eccezionali praticati dalla legge in tutti i campi, mi batterò per un referendum che proponga l'abrogazione delle disposizioni che hanno abrogato il delitto d'onore. Mi sembra che, allo stato attuale, fra i cittadini più decenti ci siano coloro che commettono un delitto sotto la spinta di quelle barbare, arcaiche passioni che hanno nome orgoglio e gelosia.

Area di bassa pressione sul fair-play nazionale: un generale insulta al microfono la truppa e un principe di Casa Savoia in un'intervista dà del porco a suo cugino.

Esaminiamo i fatti. A Padova c'è un generale perfezionista che ha trasformato la sua caserma in una specie di Club Méditerranée: campi da tennis, piscina, docce, sauna, doppi vetri per l'inverno, ecc.

Un bel giorno questo illuminato generale scopre che ignoti, probabilmente i famigerati, mefitici «nonni», hanno fracassato porte e vetrate del suo capolavoro logistico e si abbandona a un pubblico sfogo tuonando contro quei figli di puttana che si annidano fra la truppa schierata.

Quattro soldatini si sentono vilipesi dalla scurrilità del comandante e vanno a dirlo alla mamma, cioè scrivono una lettera a un quotidiano. È il finimondo: inchiesta militare, inchiesta giudiziaria, avviso di reato. Ferito al cuore da quell'epiteto, l'intero Paese di ferventi stilnovisti (che quando sono al volante o allo stadio si apostrofano civilmente: malaccorto, bricconcello) attende che sia fatta giustizia.

Secondo episodio. Sembra che in Italia ci sia un trono vacante e che due cugini, Vittorio Emanuele e Amedeo d'Aosta, se ne contendano l'eredità, quanto meno morale. I giornali estivi ci ragguagliano abbondantemente sulla sfida dinastica, fino all'ultimo exploit di Vittorio Emanuele il quale dichiara in un'intervista che, se il cugino Amedeo ha chiamato Savoia un vino di sua produzione, lui è pronto a ricambiargli la cortesia chiamando Aosta i porci del suo allevamento. (È presumibile che in gioventù il principino disertasse la scuola di fioretto e andasse a lezione di spingarda: le armi da fuoco, come si sa, sono la sua passione.)

Questi i fatti. Ritiratomi in camera di consiglio, emetto il mio privato verdetto. Assolvo il generale perché assolvo me stesso, il mio linguaggio, le mie maledizioni ogni volta che entro in una cabina telefonica devastata dagli stessi bastardi che, prima o dopo la naja, infestano anche la vita civile.

Lo assolvo in via subordinata perché l'epiteto «figlio di puttana», nel lessico militare, è stato ampiamente riabilitato dal celebre proclama del generale Patton ai suoi carristi pigiati nei mezzi da sbarco alla vigilia dell'invasione.

«E se un giorno un nipote vi chiederà, dov'eri nonno in quei giorni, potrete rispondere: non ero a seppellir merda in Oklahoma, ma in Normandia con quel figlio di puttana di Giorgetto Patton.»

Assolvo dunque il generale e condanno la consueta imponente mobilitazione di quest'Italia delle quisquilie. Quanto a Vittorio Emanuele non emetto sentenza perché mi ostino a ignorare questo personaggio. Ma resto perplesso: un'intervista non è uno sfogo da caserma e un aspirante al trono dovrebbe pesare le virgole e non i maiali.

Penso alla costernazione dei suoi irriducibili sudditi che si riuniscono nei circoli monarchici: lo consideravano uomo di corte e se lo ritrovano in cortile.

RESTAURI

La frequentazione dell'arte in genere mi comporta qualche problema. Ho visitato con emozione i massimi templi della pittura universale, compreso l'Ermitage di Leningrado, ma ogni volta ho dovuto prender atto di un mio limite umiliante: gallerie e musei mi attraggono, ma mi saturano rapidamente. Il mio coinvolgimento intellettuale ed emotivo ha una autonomia massima di due ore.

L'ultima mortificazione l'ho provata al Prado. Entriamo alle 16 e usciamo alle 18 — ho proposto a mia moglie (che invece sarebbe una fondista di pinacoteche) — e ci facciamo bene solo Velázquez, El Greco e Goya. Ho cominciato in un perfetto stato di grazia. Ancora una volta mi sono convinto che la notorietà di un capolavoro, attraverso riproduzioni, poster e illustrazioni varie (a cominciare da quelle di scuola) non lo consumano affatto, ma al contrario accrescono la suggestione nel momento in cui ci si trova di fronte all'originale. Ancora una volta ho avvertito la mancanza di un amico colto che mi trasmettesse illuminanti osservazioni, come quella volta che, a una mostra di fiamminghi, incontrai Eugenio Riccomini il quale con incantevole semplicità mi fece capire in una mattina ciò che mi era sfuggito in una vita.

Davanti a certi quadri avvertivo quasi il batticuore, per altri altrettanto celebri non avvertivo nulla. Per esempio di fronte alle due Maye, mi sfiorò il sospetto che se Goya ne avesse dipinta una sola — desnuda o vestita — anche la fama ne sarebbe uscita dimezzata.

Analizzammo religiosamente, centimetro per centimetro, una decina di quelle splendide sale. Poi, inesorabile, cominciai ad avvertire quel malessere da overdose di capolavori, una specie di vertigine, di oppressione claustrofobica che mi fa cercare sulle pareti solo la freccia «uscita». E — come sempre mi accade in queste tristi fughe — gettai occhiate veloci su tutto quello che perdevo: ettari di Rubens, Tiziano, Tiepolo, Tintoretto, Veronese. (Pensai al pragmatismo americano che colloca, fra le sale di musei e gallerie, snack bar con poltrone, divani e terrazze: anche una maratona culturale richiede punti di ristoro.) Torneremo — mi consolavo — ma in quante mai pinacoteche devo ritornare?

Ecco, resi pubblici i miei rimorsi e i miei rimpianti, posso anche esporre qualche ruspante considerazione su un tema molto dibattuto: la sindrome da restauro.

Amo la luce — da acquario al tramonto — delle grandi tele di Carpaccio, più delle esplosioni di colore delle pale di Tiziano e per questo non ho gridato al miracolo quando ho visto la *Primavera* restaurata, squillante come una diapositiva. Ora aspetto di abbagliarmi alla rinnovata Cappella Sistina per rafforzarmi nella predilezione per quella patina solenne e malinconica che il tempo depone su ogni cosa e che attenua i colori dei dipinti, come annerisce la pietra, consuma i tappeti, logora il bronzo, appanna le tombe, ossida le parole dei poeti.

Come si vede non sono, per ragioni del tutto istintive, un entusiasta del restauro in genere: immaginiamoci «quando vale più dell'opera». Se è obbligatorio sottrarre a consunzione il Cenacolo o i fiabeschi cavalli di San Marco, mi chiedo se ha senso mettere al lavoro plotoni di esperti per riportar alla luce affreschi quasi cancellati di autori del tutto ignoti: non c'è chiesa che si rispetti che non abbia la sua brava impalcatura con, arrampicata sopra, una volonterosa fanciulla.

Devo dire che provo ammirazione per questi giovani tecnicamente abilissimi e che li invidio per la sfera di sogno in cui lavorano. Ma mi chiedo con quale criterio vengano decisi gli interventi, visto che hanno costi da capogiro e che alla fine resta ben poco dell'opera originale, fra tanti rappezzi, magistralmente eseguiti ma bene identificabili nelle «toppe» dei restauri (altrimenti sarebbero dei «falsi»).

Chi sceglie, mi domando, fra le cataste di dipinti ammucchiati nei sottoscala delle pinacoteche e fra le mille cappelline dimenticate? Il pensiero di questa dovizia d'arte in agonia da cui ogni tanto viene estratto un numero fortunato mi dà la stessa angoscia delle caterve di libri che mi sono ripromesso di leggere o rileggere, ma che non farò più in tempo a esaurire. O delle montagne di rottami che si accumulano sul retro delle case di campagna ai lati dell'autostrada. Tutto sommato, uno smisurato falò sarebbe più civile della polvere e dell'abbandono. Penso al sollievo con cui vedo dignitosamente bruciare le carte di cui non riesco a disfarmi buttandole nella spazzatura.

Un'altra cosa che mi viene in mente è questa: se restaurare significa riportare un oggetto alla condizione originaria liberandolo da sovrapposizioni successive, si arriverebbe al paradosso di smantellare un portico del Bramante per scoprire degli archi bizantini? E se Leonardo avesse polemicamente utilizzato una tela già dipinta da Antonello da Messina?

Il restauro, comunque, ha una funzione che mi sembra insindacabile: il rilancio di un capolavoro che la gente ha serenamente ignorato fino all'emozionante battage per il suo lifting. È sempre lodevole pilotare le masse a contemplare estatiche la «rinascita» di Venere. Come se fosse, all'improvviso, capitata agli Uffizi.

C'è anche un restauro d'altro genere. Dieci libri fa, raccontai la tragedia della mia famigliola che ebbe inizio il giorno in cui il bambino tornò da scuola con un invito scritto ad accompagnarlo all'istituto di ortodonzia.

Ci chiedemmo allarmati che cosa stesse succedendo. Il piccolo non aveva carie e stappava la Coca-Cola con i denti. All'ambulatorio ci spiegarono che il bambino aveva l'arcata stretta, la mascella troppo robusta e per rimettere le cose a posto ci voleva l'apparecchio per tre anni.

Così la nostra vita cominciò a essere condizionata da un archetto d'acciaio con i ganci e gli elastici. Il bambino andava a letto con tutti i suoi tiranti, a volte ci svegliava nel cuore della notte dicendo che gli era partito un elastico e a noi, nel vederlo così mite e rassegnato con quel morso in bocca, ci veniva da piangere. Se si andava al mare, si tornava indietro anche dopo cento chilometri perché mia moglie si accorgeva con un urlo che ci eravamo dimenticati l'apparecchio. Eccetera.

Ho voluto verificare il fenomeno a distanza di anni, ho fatto una breve indagine all'uscita delle scuole e ho constatato che il reticolato in bocca è ormai d'uso corrente, i bambini portano l'apparecchio senza complessi e, semmai, il complesso viene a quelli che hanno l'arcata regolare.

Sembra che le mandibole delle nuove generazioni siano in via di atrofizzazione perché i bambini non addentano più niente, succhiano (omogeneizzati, nutelle, leccalecca) e non mangiano a morsi neanche una mela perché è faticoso e non rompono più le noci con i denti e si scassano le arcate stando accovacciati nei banchi con il mento sulle mani perché nessun insegnante gli grida più: «Su con la schiena e braccia conserte». Gli esseri umani del nostro futuro liofilizzato non avranno più denti perché non serviranno più. Ma intanto masticare serve ancora e per questo ci vuole l'apparecchio.

Il fatto nuovo, tuttavia, mi è sembrato un altro: questa tortura medievale sta investendo progressivamente fasce d'età più avanzate. Ho visto diciottenni in fiore, accurate, truccatissime, sfoderare con naturalezza metallici sorrisi Goldfinger. Una, alla quale avevo chiesto spiegazioni, mi ha risposto, parlando come se avesse una caramella appiccicata al palato, di avere un incisivo leggermente accavallato a un canino. Allora le ho domandato se non riteneva che una leggera imperfezione potesse esaltare personalità e fascino, il primo esempio che m'è venuto in mente è quello di Catherine Spaak. Ha tagliato corto dicendo fra i sibili che i ragazzi li bacia lo stesso perché, tanto, hanno le capsule anche loro.

L'apparecchio in funzione estetica ha invaso da tempo gli Stati Uniti per una ragione precisa: laggiù una massiccia campagna di prevenzione ha ridotto quasi a zero l'attività dei dentisti che, non avendo più carie e piorree da curare, si sono buttati sul lavoro da orefice, convincendo uomini politici e commesse di supermarket a lasciarsi cesellare canini e incisivi.

In Italia dovremmo ancora preoccuparci per l'igiene prima che per l'estetica in quanto su cento italiani solo due hanno i denti sani e quattordici si ostinano a considerare lo spazzolino un optional. Ma il restauro della facciata è ugualmente considerato prioritario.

Affiora, specie fra le donne, una curiosa preoccupazione. Una bellissima signora sui quaranta, condannata per un anno a tenersi in bocca una specie di ferrovia, mi ha detto che rischia di perdere un premolare, sbandato di cinque gradi a dritta, e che non vuole ridursi a settant'anni a montare delle protesi.

Altre signore, comprese in un'età in cui ogni lasciata è persa, si sottopongono a un lungo esilio mondano e al martirio del filo d'acciaio per assicurarsi una dentatura forte e sana nella vecchiaia, così potranno masticare qualsiasi tipo di chewing gum senza pericolo che si attacchi al lavoro del tuo dentista.

È una filosofia che mi affascina: meglio un uovo domani che una gallina oggi. Forse non bisognerebbe neppure andare a sciare perché a vent'anni una slogatura si risolve in una settimana, ma che strascichi se ne potrebbero risentire a ottanta?

Mi capita ogni tanto di andare a colazione con uomini importanti: pasteggiano con minestrine di segala, non fumano, coprono terrorizzati il bicchiere se accenno a versargli il vino. Vogliono prolungare al massimo la loro razione di immortalità.

Suscitano più simpatia le donne: fumano come dannate, non hanno paura di morire, l'importante è che quando accadrà loro siano in forma.

BELLO SECCO

Nevica. Nevica in Sicilia, in Sardegna. Nevica a Capri, a Sorrento, nevica nel Sahara. Ma non nevica a Cortina. Qualcosa è rimasto della neve di novembre, roba d'annata, protetta come i prodotti di serra, rammendata come un'antica tovaglia nuziale. Si scende in punta di sci; se qualcuno derapa troppo, si levano proteste isteriche: egregio signore, se lei si mette anche a raschiare con i cristiania, possiamo andarcene tutti a casa. Chi scopre un percorso meno spelacchiato lo rivela solo agli intimi, se si diffonde la voce è la fine.

Gli albergatori si scusano con gli ultimi arrivi: sa, non le ho detto niente per telefono perché la gamba sinistra — ricorda? — quella che mi son rotta nell'ottantatré, mi faceva male e quando mi fa male arriva la neve, che le posso dire? Che mi fa sempre più male e mia moglie ha le fitte a una spalla.

Ma i fumi dei camini van su come razzi, un'alta pressione così non se la ricorda nessuno. Eppure la gente continua ad arrivare, la neve è un accessorio: l'importante è far Capodanno a Cortina, anche se ci fossero 38 all'ombra. Anzi, l'assenza di neve è un alibi collettivo: non si è tenuti agli exploit massacranti imposti dai soliti efficientisti che imperversavano nelle compagnie, le femmine possono abbigliarsi in doposci senza la seccatura di dover fare prima lo sci. Se c'è qualche temerario con una caviglia ingessata, è subito conteso da tutti: fa atmosfera.

Quest'anno, oltre alla consueta alluvione di zibellini (la pelliccia che targa le romane che fanno le vasche a mezzogiorno e verso sera sotto il campanile), si registra una cospicua presenza di ospiti giunti dal Sud. Tutta gente che ha montato le catene per attraversare le sue sepolte contrade e poi le ha tolte per arrivare sulle Alpi con le gomme che sibilavano su un asfalto da gran premio, fra i paletti dell'Anas alti due metri, che segneranno il tracciato agli spazzaneve delle future generazioni.

Naturalmente c'è anche pane e neve per i denti degli irriducibili: basta prendere le jeep (che normalmente non servono al di là del perimetro sciampagnino-cioccolata in tazza-vin brûlé) e affrontare rotte più epiche verso il bianco più bianco. In due ore si raggiungono piste innevate in tante valli dai nomi affettuosi, casalinghi, ignorati dal Gotha delle nevi. Dove i villeggianti locali, da anni affezionati alle loro pensioncine, considerano una sopraffazione la calata di quegli snob da Cortina.

A sera i pendolari dello sci tengono circolo con i visi stravolti, riferiscono sui loro rallies, c'è chi si è spinto fino in Svizzera e al limite si potrebbe andare sul Kilimangiaro. L'importante è partire da Cortina e lì essere riaccolti come eroi, nelle serate di clan dove gli uomini fanno rapidi strip per mostrare le mutande boxer con i disegni spiritosi, trovate infiocchettate sotto l'albero di questo Natale sexy.

Solo a Cortina, caput mundi, ci si può concedere la suprema civetteria di considerare la neve un optional. A Cortina si perdona tutto. Anche di non essersi dotata di quei cannoni con cui le più previdenti stazioni invernali sparano neve come detersivo. A Cortina puntavano sulle Olimpiadi, i cannoni sarebbero arrivati a spese del contribuente. Il bel sogno è tramontato e al momento l'artiglieria locale consiste in un cannoncino di rappresentanza sul campo scuola: considerata la potenza di tiro, lo chiamano il cannone con la prostata. Sputacchia qualche fiocco che il vento porta su un alberello il quale, del resto, serve egregiamente come sfondo per le foto ricordo.

In molte città l'acqua è razionata. La gente è allarmata. E se non nevicasse (e non piovesse) più? Ecco un ipotetico diario della calamità.

6 gennaio. Quell'ombra di sottile inquietudine che turba gli adulti sta contagiando anche i bambini: nella lettera alla Befana il figlio di un amico ha scritto: portami una grossa perturbazione atlantica. La trasmissione che ha riequilibrato gli indici di ascolto della Rai rispetto a Canale 5 e Retequattro è il bollettino meteorologico: dura quasi mezz'ora con l'intervento di scienziati che esprimono timori, speranze e azzardano previsioni. Ad aprire i rubinetti si provocano piccole esplosioni d'aria, gorgoglii, rantoli. Solo in certe ore del giorno le condutture sputano un po' d'acqua piena di ruggine che viene preziosamente raccolta nelle pentole.
24 gennaio. Il cielo si rannuvola, ma (tranne qualche spruzzatina, valutata dagli uffici idrometrici in due o tre millimetri) continua a non piovere. Brutta sorpresa stamattina: l'autobotte che distribuisce l'acqua pompata nelle sempre più striminzite riserve ci ha consegnato, invece del «pacco» da cinque litri, sacchetti di due litri per nucleo familiare. Tolta la quantità occorrente per cucinare, resta un bicchiere circa pro capite: nella famiglia accanto ho colto l'eco di una feroce scenata. Ho saputo poi che la figlia, innamorata, pretende di usa-

re la sua razione per l'igiene intima e poi elemosina sorsate dai fratelli.

23 febbraio. Da una settimana anche l'elettricità è stata razionata, le centrali idroelettriche girano al minimo, quelle nucleari non le abbiamo volute. In ascensore incontro quel tizio del settimo piano antipatico a tutti perché noto come incettatore (quando c'era scarsità di spiccioli aveva casse di cinquantini e quando si leggeva di un probabile aumento del gettone telefonico, ne comprava a migliaia); adesso sta salendo dalla cantina con una borsata di bottiglie di minerale, mal nascoste da un giornale. Vedendomi è impallidito, come colto in flagrante. Si dice che abbia stivato garage e cantina con tremila bottiglie, rastrellate quando già costavano diecimila lire. È uno di quelli che rifiutano sempre la sorte comune: se si deve morir di sete, lui morirà il giorno dopo.

12 marzo. Stamattina, aprendo la finestra, sono rimasto agghiacciato, quasi una sequenza di Hitchcock: sulla terrazza giacevano sei gabbiani stecchiti, col becco spalancato. Accade sempre più spesso: si spingono all'interno alla ricerca d'acqua dolce e poi si abbattono stremati. La situazione si aggrava. Si moltiplicano gli incendi e non c'è acqua per spegnerli, mentre i fiumi si sono praticamente ridotti a rivoli di fogna: l'aria è ammorbata e c'è pericolo di epidemie. Ho fatto un giro in campagna: ci sono contadini che arano e seminano per la terza volta, per il contadino la speranza è quasi un mestiere. La terra si va essiccando anche in profondo, resiste un po' d'erba medica con le sue radici che penetrano fino a due metri e riescono ad assorbire un'ombra di umidità. Gli argini dei fiumi si screpolano e si fendono, se mai un giorno questi alvei dovessero colmarsi di nuovo, sarebbe tutta un'alluvione. Era previsto per stamani un vertice sull'emergenza, ma è stato rinviato: i membri del governo sono tutti via, chi invitato in Argentina, chi in Cile, chi nell'Europa dell'Est.

19 aprile. Sul giornale di oggi, una foto che sarebbe curiosa se non fosse raggelante: «Casalmaggiore — si legge nella didascalia —: per la prima volta nella storia il Po si attraversa con un salto».

A lato c'è un articolo un po' più rassicurante: sembra che la sopravvivenza idrica al Nord sia garantita almeno fino ad agosto: l'aumento di temperatura conseguente alla totale scomparsa di umidità provocherà un effetto-serra; si scioglieranno i ghiacciai alpini, il Po riceverà ancora qualche rivolo da potabilizzare, le autobotti potranno fare ancora la spola. E gli impianti di desalinizzazione del mare? Ce n'è solo un paio in tutto il Paese. Abbiamo avuto troppa paura della guerra nucleare e nessuno si è mai preoccupato di una possibile apocalittica guerra scatenata dalla natura. Nessuno ha mai pensato di girare un *day after* sulla siccità. A un amico scienziato ho chiesto: nell'Europa degli anni Ottanta è ipotizzabile una carestia come quella che decimò le popolazioni della steppa russa nel '22 o quella che negli anni scorsi ha provocato milioni di vittime nell'Africa equatoriale? Ha risposto che vede nero: o la scienza riesce a ricreare artificialmente anche da noi quella situazione, ancora misteriosa, per cui le perturbazioni sono attirate, quasi calamitate nello spazio atmosferico al di sopra dell'Australia, o le speranze si riducono a zero.

14 giugno. Scomparse ormai frutta e verdura, cioè gli alimenti più idratanti, restano i pochi decilitri della razione giornaliera. Qualcuno ha provato a distillare acqua di mare (si vedono damigiane sui tetti delle auto), ma gli alambicchi sono praticamente introvabili. Gli effetti della disidratazione cominciano a farsi sentire: perdita della memoria, capogiri, aritmie. Il sangue più concentrato, più «ispessito», circola con maggior fatica. Nei bambini l'equilibrio elettrolitico si scompensa prima. I vecchi resistono meglio, i vecchi appaiono rassegnati, quasi sereni e questo si spiega: ciò che spaventa della morte è il morire disperatamente soli e i vecchi ora vedono coincidere il loro privatissimo epilogo con questa specie di epilogo collettivo. Il corpo umano, osserva il mio medico, è composto di acqua per oltre l'ottanta per cento, ma non potremo spremerci come limoni. Nella tragedia sono stati più fortunati i superstiti di quell'aereo precipitato nelle Ande: hanno finito per nutrirsi con i cadaveri, ma erano in mezzo alla neve, potevano dissetarsi.

Ore 6.30 di oggi. Mi sveglio con la sensazione di aver fatto un sogno orribile. Mi affaccio, il cielo dalle mie parti è ancora maledettamente stellato, ma si ode il lontano rimbombo del treno: succede sempre così quando c'è aria bassa, significa che cambia il tempo, forse è la volta buona. E se non pioverà qui, se non pioverà sui pini, pioverà sulle tamerici salmastre e arse, pioverà sulle tue ciglia nere, da qualche diavolo di parte pioverà pure tutta quell'acqua che evapora dal mare. La fortuna dell'Italia è la frammentarietà del suo clima, qui si asciugano i panni al sole, a pochi metri c'è la nebbia, a un tiro di schioppo un acquazzone. Se qui il grano muore, da un'altra parte nasce.

Si ridurranno quei quattro-cinquecento litri che consumiamo ogni giorno fra abluzioni e sciacquoni, salteremo le docce, saremo costretti anche a rinunce più gravi e Dio sa se avevamo bisogno pure della siccità. Ma insomma pare escluso che nell'Europa degli anni Ottanta si possa morire di sete e carestia.

Ma c'è sempre qualcosa di peggio delle calamità naturali: quelle cerebrali.

Si sta ripetendo quello che accadde nel famigerato inverno dell'85 quando una pur cospicua nevicata si trasformò in apocalisse: anche allora bastò la notizia che qualche ortaggio scarseggiava per provocare l'arrembaggio nei negozi.

Anche allora ci furono grossisti e negozianti che si arricchirono speculando su quello stupido panico provocato dalla prospettiva di restare una settimana o due senza verdura.

Stavolta non è scesa la neve, è scesa la brina di Chernobyl, ci hanno spiegato che queste stramaledette particelle si fissano in terra, che ci vorranno quindici giorni perché «evaporino», e per questo periodo è prudente non mangiare «verdura in foglie» e — se si hanno meno di dieci anni o se si aspetta un bambino — non bere latte fresco.

Ho più di dieci anni e non aspetto un bambino, ma per fare un test non bevo latte fresco da qualche giorno: faccio una cosa sensazionale, cioè bevo latte in polvere, oppure orzo che non è un gran che ma va giù, oppure tè (ne avete sentito parlare? È un arbusto originario dell'Asia dalle cui foglie si ricava per infusione una bevanda gradevole).

Non mangio neppure insalata e ho detto a mia moglie di comprare pomodori, finocchi e altra verdura non «a foglia larga», solo se costa come prima della nube. Se no rinuncio. Alzare i prezzi è una mascalzonata se la maggior domanda dipende da una calamità come questa dei nano-curie.

Non bevo latte fresco, dunque, non mangio insalata, eppure conto di riuscire a sopravvivere due settimane, fino a quando la situazione si normalizzerà. Nella dispensa o in frigorifero c'è del tonno, della maionese, dei carciofini sott'olio, dei pesci findus, qualche fettina di vitello, poi c'è il rosticciere che fa la porchetta e la polenta, poi c'è il salumiere che ha il prosciutto e la mortadella, poi ci sono le mele e le arance e, se hanno accaparrato anche quelle, per le vitamine andrò in farmacia.

Ho rinunciato anche alla verdura surgelata perché mi sconvolge l'idea che mia moglie faccia un'ora di fila fra un'orda di massaie ruminanti terrorizzate dalla prospettiva di far mancare (per dieci giorni ancora) la verdura in tavola ai loro ruminanti consorti.

Se penso che il costo della vita riprenderà a salire anche perché milioni di casalinghe si stanno accapigliando di fronte a questa terrificante carestia di latte e insalata per 240 ore e non sono capaci di dire al loro fruttivendolo «i pomodori a cinquemila lire se li infili dove sa lei», concludo che c'è qualcosa di molto peggio della radioattività che ci ha sfiorato. Ed è questa rapace stupidità, questo panico prêt-à-porter sempre in balìa di un ortaggio che scarseggia.

Ingozzatevi pure con la vostra dannatissima erba salita alle stelle, ma non stupitevi dello sciacallaggio, della speculazione, dell'inflazione che contribuite a provocare con la vostra paranoia.

Montecarlo sta ristrutturando il suo porto. Il progetto prevede che sulle banchine di attracco vengano costruiti rifugi antiatomici per i proprietari degli yacht ormeggiati. Non è escluso un casinò sotterraneo.

Il jet set si mette al riparo da future Chernobyl: oltre al posto-barca, ora si può acquistare il posto-bunker. Si atterra in elicottero sulla piazzola soprastante il rifugio. Se i nano-curie sono normali si esce in barca, al primo sintomo di radioattività ci si trasferisce in bunker, in un angolo del quale si può ricavare un orto a infrarossi, così si può mangiare anche l'insalata e la verdura a foglia larga. Montecarlo offre paradisi fiscali e immortalità.

QUADERNO D'ESTATE

DIVORZI. Bordeggiando fra Porto Cervo e Cala di Volpe, chiedo allo skipper di chi sono quelle splendide ville incorporate nella roccia come grandi fossili, o sepolte nella bougainvillea o acquattate come camaleonti nella macchia mediterranea.

Mi elenca: quella è della moglie di S., quella della moglie di P., quella della signora G. I mariti si sono messi con degli esemplari di duecentoquaranta mesi: si sono tenuti la barca, non potevano non lasciare la reggia a moglie e figli. In certi casi l'aspetto più lacerante di un naufragio coniugale è divorziare da una villa in Sardegna. Se qualche matrimonio tira avanti alla meno peggio è perché i punti panoramici in Costa Smeralda sono già tutti edificati.

IL MESE GIUSTO. Per tutto agosto ripetono che la Sardegna è bella in settembre, poca gente, luce più tenue, colori più vivi. Ma in settembre non c'è più nessuno. Tutti a Cortina. A ripetere che Cortina è bella in ottobre, poca gente, luce più tenue, colori più vivi.

RECLUSIONE. Le loro mogli o compagne sono ormai ridotte a sognare una spiaggetta. Sarà meno esclusiva, ma almeno è immobile. È dalla fine di luglio che loro dondolano: sei-sette ore al giorno di moto ondulatorio, su venti tonnellate di yacht ancorato a duecento metri da riva. Se lui fosse un navigatore, ci sarebbe da divertirsi. Corsica, Baleari, Eolie. Ma lui che sa navigare in Borsa o fra i ministeri, quando è al timone del suo cabinato diventa un manovratore di filobus. Si parte tutte le mattine alle undici, il capolinea è a quattro o cinque miglia, davanti alla spiaggia di Romazzino o a Cala di Volpe. Il filobus cala le ancore, la corsa di ritorno è prevista per le diciotto.

A bordo ci sono sempre ospiti nuovi, il grande fornitore, il grande cliente, l'onorevole con signora. E per gli ospiti può anche essere eccitante, stuzzichini, sciampagnino, pesce cucinato dal marinaio sardo. Ma lei, che deve fare gli onori di barca, dopo due settimane di questo sisma del primo grado Mercalli, brama gli immobili carnai di Rimini e Riccione. E si domanda (in via subordinata) perché i cantieri — mezzo miliardo più, mezzo miliardo meno — non studiano un tipo di panfilo specifico per queste crociere di cinque miglia: invece di ancorarsi, allunga quattro zampe telescopiche come le piattaforme dell'Eni e non ti fa venire la labirintite.

Si riconoscono subito anche a terra, queste condannate agli arresti domiciliari su yacht: la sera entrano nei ristoranti sbandate di tre gradi a dritta, come i marinai di Conrad. In mare invece si tradiscono per gli sguardi rapiti che lanciano alle femmine di gommone che saettano nei paraggi: sbattacchiano per mezz'ora, mai poi approdano da qualche parte.

IL REPERTO. Chi ha casa in Sardegna ma non ha l'autista da mandar giù in traghetto con la Range o la Mercedes, si serve di reperti di automobili che svernano all'aeroporto di Olbia: intrepide Fiat 128 o immortali Maggiolini Volkswagen, tutte opache di salmastro, vajolose di ruggine, catarrose nelle marmitte.

La loro condizione di vetture stanziali, insulari, dovrebbe essere evidente. Ma pochi proprietari, ospitandoti a bordo, resistono alla tentazione di scusarsi per il catorcio, di spiegarne la destinazione, di far sapere che in continente hanno ben altro.

IL SINGLE. Sulla piazzetta di Porto Cervo faccio conoscenza con tre ragazzi sui venticinque anni che si sono appena conosciuti. Raccontano storie parallele. Ognuno dei tre è venuto da solo alla conquista della Costa Smeralda: che cos'è una vacanza se non l'occasione di lasciare i soliti amici e il solito ambiente per fare esperienze nuove?

Ma sono arrivati da cani sciolti e da cani sciolti ripartono. «Rivolgi la parola a una ragazza sulla spiaggia, dopotutto non sei da buttar via, hai imparato modi civili, ti viene persino la battuta giusta. Lei alza appena gli occhi e li riabbassa senza raccogliere. Oppure ti dice ''no, grazie'', come ai negri che vendono braccialetti. La rivedi qualche sera dopo in discoteca, non sei più una faccia nuova, qualche parola te la concede. Cerchi un varco agganciando i maschi della compagnia, parli di moto, di ellepì, dell'ultimo film di Mickey Rourke. Rispondono a monosillabi. Per il single non c'è spazio in Costa Smeralda; può solo annaspare. Forse corteggiando l'intero clan per tutta la durata della vacanza, acquisisci l'integrazione per l'estate prossima. Ma allora è più facile iscriversi al Rotary: basta una domanda, due presentatori e sei socio di diritto. Sei, sette anni fa era diverso: andavi in discoteca e conoscevi tutti subito.»

Li ascolto, li osservo. A venticinque anni rimpiangono già i loro tempi.

SERVITÙ. Gli amici vogliono mostrarmi i pezzi forti di Alghero: il turrito centro storico con le viuzze in cui non si parla sardo ma catalano; il promontorio selvaggio e profumato dove si arriva soltanto in jeep strusciando contro i rami di ginepro e i fichi d'India; e quindi nell'interno — i gioielli della nuova economia: le maxi aziende vinicole con i tini in acciaio inossidabile, alti come razzi a tre stadi, i pannelli controllo e i monitor di una Nasa improvvisamente convertita al vino.

Alla fine vogliono mostrarmi il tutto in una veduta d'insieme. Imbocchiamo la strada che sale sul monte d'Oglia che domina pianura e mare. All'inizio della salita c'è un divieto. Oltrepassandolo, mi spiegano che il panorama si può ammirarlo solo nell'illegalità: sulla vetta c'è una stazione radio che assiste il traffico (soprattutto civile) dell'aeroporto di Alghero. I militari avrebbero potuto accontentarsi del cocuzzolo, debitamente recintato. Invece hanno requisito tutto il monte, il punto più panoramico della zona: se ogni stazione radio delle forze armate fosse isolata con lo stesso criterio, in Italia non ci si muoverebbe più. Scorgo laggiù il promontorio di Capo Caccia, squadrato e a picco sul mare, come una fortezza normanna: tabù anche quello, perché c'è un faro della Marina.

Quando scendiamo e attraversiamo la pianura verso l'aeroporto, scopro qualcosa di lugubre che spezza la dolcezza dei pascoli fra i pini e gli eucalipti: cupole di vecchi fortini. Non sono serviti nell'ultima guerra, meno che meno servirebbero in un malaugurato futuro, servono attualmente come cessi corazzati. Ma guai a chi li tocca.

Così, con divieti, servitù e archeologici bunker, in mancanza del nemico, si fa la guerra al turismo.

SOUVENIR. Alla base della parete rocciosa che strapiomba sul mare di Capo Caccia c'è una grotta dove si entra in barca. Anni fa c'erano bellissime stalattiti, allineate come canne d'organo per le magiche sinfonie della risacca. Le stalattiti non ci sono più. Scalpellate via, frammento per frammento, dagli imbecilli con sindrome da souvenir. E questi anonimi pezzi su un maledettissimo buffet non significano più nulla. Come non significano più nulla quei mucchietti di sabbia (in una ciotola o in una bottiglietta) che un tempo formavano la celebre spiaggia rosa nell'isola di Budelli; altra rarità paesaggistica annientata, rubata con secchielli e sportine di plastica. Idem nel resto d'Italia: le termiti del souvenir stanno polverizzando il meglio del Paese per portarsi a casa un «ricordo» che — sradicato dal contesto — diventa assurdo come lo sarebbe un bicchiere d'acqua tolto dal mare «turchese» dei Caraibi oppure un'unghia o un lembo d'occhio scrostati dai soffitti della Cappella Sistina.

PRATICITÀ. La sciabolata dei fanali sfiora un'ombra che attraversa la carreggiata dell'autostrada: freno, sbando, mi arresto e riesco a distinguere un cane lupo che erra a zigzag, terrorizzato dai fari. L'avessi centrato con una ruota, ci avremmo lasciato la pelle in due. Quando esco al casello di Rimini, informo l'esattore: quel cane è una mina vagante fra i guard-rail. Mi ascolta e dice che è una settimana che gli segnalano cani abbandonati, in luglio cominciano le ferie, ogni anno è così.

Tutti gli anni c'è qualche giuliva famigliola che si trova concorde nel realizzare il delitto perfetto. Il cane in vacanza è un problema: in tanti alberghi e pensioni non lo vogliono e comunque diventa una presenza ingombrante. Ci sarebbe il rifugio del cane, però chiedono centomila soltanto per due settimane (quanti tandem a noleggio e discese in toboga e videogames ci stanno in centomila lire?).

Evidentemente, costa troppo anche l'iniezione per sopprimerlo. È più pratico farlo macellare gratis sull'autostrada. Ci si ferma a una stazione di servizio, lo si manda a far pipì, si innesta la marcia.

La bestia è abituata a questi giochetti, altre volte l'han fatta scendere perché si sgranchisse le zampe correndo dietro la macchina, abbaiando festosamente ai bambini col naso schiacciato sul vetro. E anche stavolta il cane crede che sia così, si mette all'inseguimento, ma l'auto è già lontana, irraggiungibile.

Comincia il breve delirio fra un guard-rail e l'altro: la salvezza sarebbe lì a fianco nella campagna bionda di frumento, ma per chilometri e chilometri c'è la rete metallica senza un buco.

Il cane è abituato al traffico di città non alle macchine che piombano a centocinquanta. Prima o poi arriva la fine e in poche ore le gomme degli autotreni fanno sparire tutto: cani e gatti sull'autostrada diventano asfalto.

La gaia famigliola è al mare; gli adulti consolano i bambini: vedrai che qualcuno l'ha raccolto, ora sta meglio di prima.

L'anno prossimo si potrebbe fare anche con i nonni, ancora più ingombranti d'estate di un cocker o di un lupo: si lasciano sull'autostrada. Se sopravvivono, qualcuno li raccoglie.

LA MANOVELLA. Ormai con le partenze intelligenti ci si imbottiglia intelligentemente in tutte le ore del giorno e in tutti i giorni del mese.

Quando alla fine dell'odissea annusi ormai l'odore dell'Adriatico (una volta salmastro, adesso un po' peggio) e abbandoni la dannata statale imboccando, sul vialone alberato, la dirittura d'arrivo, ti aspetta l'ultima trappola.

Milano Marittima è lì, puoi toccare con mano i grattacieli, ma fra loro e te c'è un passaggio a livello sbarrato: è l'ultimo diretto alla mascella che ti fa crollare al tappeto.

Cominci ad aspettare e a considerare. Un binario che taglia una strada ha sempre costituito un inconveniente. Per questo sono stati inventati i soprappassaggi, i sottopassaggi e, in mancanza di meglio, le sbarre automatiche che nel giro di 20 secondi si abbassano e si alzano. Qui no. Qui c'è l'omino che guarda l'orario, gira l'argano e chiude. Se il treno è in ritardo, non sono fatti suoi. Così aspetti 5, 8, 10 minuti, ma dopo un viaggio inenarrabile non sono minuti: semestri.

Continui a considerare, la riviera adriatica è la più lunga e gremita spiaggia d'Europa: le sue file di zeri sono note, migliaia di alberghi, milioni di presenze, miliardi di incassi. Da anni si scrive che il Paese colma il baratro dei conti con l'estero grazie ai marchi, ai franchi, ai dollari che si spendono qui.

Quando la Francia si accorse che la Costa Azzurra era una gallina dalle uova d'oro realizzò un pensierino elementare: il futuro di questa cassaforte turistica dipendeva soprattutto dalla sua accessibilità. Oltre il confine di Ventimiglia si può scegliere fra autostrade, superstrade, panoramiche, litoranee.

Qui da Ravenna a Rimini, alle spalle della megalopoli balneare, c'è un unico calvario che si restringe fino a diventare una straducola irta di cartelli, di intimazioni, di semafori. Se si decide per una grigliata di pesce a venti chilometri, ci si mette in marcia due ore prima.

I problemi della viabilità li hanno risolti nel Sud, scodellando autostrade parallele dove a volte, se incroci un'anima, ti viene da lampeggiare perché è una festa. Con gli stessi soldi avrebbero potuto fare qualcosa di più urgente per quella economia, ma ministri, sindaci, assessori godono di più a inaugurare strade con cortei imbandierati. Che corteo si può fare lungo un canale di irrigazione?

Intanto, mentre consideri, l'omino che ha girato l'argano si è rimesso a leggere il giornale: le code da una parte e dall'altra si allungano, fulminee come micce. Osservo gli autonauti: spenti, abbrutiti, domati dalle avversità, incapaci di qualsiasi reazione, neanche un gesto di stizza. Finalmente si ode uno sferragliare: passa un treno, anzi un trenino Märklin con un passeggero-uno. Qualcuno applaude stancamente. Dopotutto si tratta di una linea secondaria. Secondario anche il fatto che interrompa un traffico principale.

E così l'Europa in trasferta, con tutta la sua valuta pregiata, si ferma davanti a una vecchia manovella.

A CHI LA TERRA? Anni fa tornai dalla Spagna e chiesi a un amico che lavorava nell'industria balneare dell'Adriatico: perché vi fate soffiare decine di migliaia di turisti del Nord Europa che vanno in vacanza soltanto se possono portarsi dietro le mazze da golf? Laggiù è tutto una buca.

Mi ricorda che in Spagna chi aveva investito nel turismo in modo massiccio era il grande capitale, spesso straniero. E il grande capitale sa sfruttare gli affari e aveva intuito subito che il golf era un forte richiamo.

La riviera adriatica aveva tutt'altra storia: niente grande capitale e invece un tornado di cambiali con cui migliaia di ex bagnini, ex pescatori, ex tutto si erano tirati su la Pensione Fiorita, o l'alberghetto e spesso anche l'Hotel con piscina. Gente diabolica nel curare la propria clientela, magari schedandola per ricordarsi da un anno all'altro le sue fisime (anche i minuti dell'uovo alla coque) o per farsi vivi con una strepitosa cartolina in occasione di un onomastico tedesco o di un anniversario di matrimonio olandese. Ma la genialità imprenditoriale non andava al di là dell'uscio di casa: tutti contro tutti nel contendersi la torta estiva, non scucivano una lira per una iniziativa comune che, per esempio, servisse a migliorare l'immagine della loro località. A proporgli di quotarsi e fare un campo da golf si mettevano a ridere.

I sindaci, invece, non si mettevano a ridere, si arrabbiavano. La terra a chi la lavora: come si poteva decentemente proporre a un sindaco comunista di sottrarre anche un sol metro quadrato alla cooperativa braccianti per cavarne un campo da golf, il golf miliardario, il golf esibizionista, il golf narcisista?

C'era anche qualche sindaco di buone letture che citava Oscar Wilde: «Per giocare a golf essere stupidi non è necessario. Ma aiuta molto». Le iniziative che stavano a cuore ai sindaci della Romagna balneo-progressista erano altre: vacanze per gli anziani, treni popolari, colonie, turismo sociale insomma. Programmi lodevoli, si capisce, ma qualcuno obiettava che il turismo «povero» era possibile solo nel contesto di una riviera ricca e inoltre il turismo di massa, quello che scende giù con la piena di agosto, non bastava al bilancio dell'estate. In privato, molto confidenzialmente, dicevano che potevano convenire con alcune di queste argomentazioni, ma quand'erano al microfono continuavano a parlar populista, prevaleva la ragion di partito, vade retro golf.

Intanto in Italia, dopo un'infanzia stentata, questo sport veniva lentamente accettato: sarà un gioco strano, però lo giocano in tutto l'Occidente e non solo i consiglieri delegati che combattono i trigliceridi con dodici chilometri a piedi.

In Italia, dunque, pian piano cadevano le prevenzioni sul golf e cominciavano a diffondersi i campi con l'erba tosata e i laghetti. Sulla riviera adriatica niente, il puritanesimo ideologico agiva da freno e frenava anche quella bella fetta di turismo che se ne andava nei paesi, dove, dietro la spiaggia, c'è il velluto dei green. Parafrasando Oscar Wilde, qualche propugnatore del golf contrattaccò: «Per essere stupidi non è necessario essere comunisti, ma aiuta molto».

Improvvisa la folgorazione: qualche sindaco realizza che se il mare in certi periodi si riempie di alghe, non sarebbe male cominciare a puntare sulla terra e — considerando che i maniaci delle mazze sono in aumento — anche l'aborrito golf potrebbe dare una mano.

Quanto alla terra, tanti che la lavoravano si sono accorti da tempo che si guadagna di più a cambiar mestiere, per esempio vender piadina, cocomeri e pesce fritto. E siccome in Romagna non ci sono mezze misure, nel giro di pochi mesi si è passati dalla guerra al golf alla guerra per il golf, contesa che ricorda un po' quella per i tracciati delle autostrade: ogni sindaco pretendeva che passasse per la piazza del suo paese. E, considerato che un campo da golf non è un tavolo da ping-pong e non se ne può inflazionare tutta la costa, la corsa è a chi arriva primo.

Un repentino vento sferza i consigli comunali: il turismo «ricco» ha ottenuto legittimazione ideologica («Ben tornato commenda» titola a tutta pagina l'«Unità», dedicando un servizio al più lussuoso albergo della costa: il denaro non ha odore, vieni a spenderlo qui).

Ritirata dunque la scomunica al golf, un nuovo slogan vola sui microfoni del comunismo balneare: la terra a chi la gioca. Ci si è accorti che rende di più.

PREZZI FISSI. Ricordo, tanti anni fa, in un mercatino balneare il duro scontro cui assistetti a una bancarella di orecchini: una giovane signora frugava nell'aiuola multicolore, pescava sull'arancione, appendeva nervosamente ai lobi, si impossessava di una scheggia di specchio conteso fra decine di altre donne, si guardava i grappoli penduli, se li strappava, li ributtava nell'aiuola, pigliava al volo i grappoli scartati da un'altra signora, rifaceva l'esame-scheggia. Finalmente si mise quieta, aveva trovato qualcosa che aveva la gradazione giusta. «Qua, qua, qua» cominciò a gridare per richiamare l'attenzione di un toro sui quarant'anni che dall'altra parte del banco cercava di seguire quel mulinare di orecchini da un lobo all'altro «quanto vuole di questi cosi?» «Sarebbero tremila,» disse il toro con voce bassa «ma per lei faccio duemilacinque.» La signora fece una risata stridula. «Va bene,» tagliò corto il toro «mi dia duemila.» La signora fece un'altra risata. «Gliene do mille e me li porto via.» Ma il toro si seccò: «Signora,» disse «glieli do anche per niente se ci mettiamo d'accordo su un'altra cosa».

C'era una legge che imperava sul mercatino: l'ora. La borsetta o il pullover che alle otto di mattina all'apertura del mercato costavano cinquemila, ne costavano tremila alle undici e crollavano a duemilatré verso l'una quando gli ambulanti paonazzi e rimbambiti levavano le tende.

Questa estate ho curiosato tra gli stessi mercatini balneari: ci sono sempre le risate che accompagnano la fissazione del prezzo. Ma le fanno gli ambulanti, quando si sentono proporre lo sconto. Risatine acide, insolenti, conclusive. Reagirebbe meglio un tabaccaio cui chiedessimo: quanto mi fa di tre pacchetti di Marlboro?

A Courmayeur tutti i mercoledì c'è una bancarella che sembra una boutique: il proprietario dà del tu alle signore, ma poche godono di questo privilegio, ci vogliono anni di consuetudine per guadagnarselo. Mentre le acquirenti normali rovistano furiosamente nel mucchio di stracci firmati (in fiducia, perché l'etichetta è stata tagliata), le clienti saltano, invece, questo passaggio plebeo e vanno direttamente dal Giovanni che non sta nel cerchio, non dice i prezzi della robetta, ma presidia gli attaccapanni con i capi importanti. Per avere una risposta da lui bisogna essere molto introdotte, sennò dà una squadrata e indica col mento gli altri, i dipendenti, che arrampicati sui pali dell'ombrellone o in piedi nel recinto controllano il traffico minore. Alle clienti giuste promette sottovoce che all'una, smaltita la massa, tirerà fuori roba sensazionale. Non solo con lui non si contratta il prezzo, ma neppure si dice che è caro, così come nei negozi di Monte Napoleone, di via Condotti o della Quinta Strada: uno sa a cosa va incontro. «Come ti ho trattata l'anno scorso? E allora fidati.» Per una frase così si possono pagare anche cinquantamila in più.

Poi c'è l'uomo dei tappeti e degli ex voto: è internazionale, fra un mercato e l'altro salta dal Perù all'Afghanistan. Non imbonisce, anzi è difficile da contattare, ha la sua clientela fissa che lo insegue da Castiglione Olona a La Thuile. Sta in disparte demandando la contrattazione al suo scagnozzo: interviene solo al di sopra delle quattrocentomila, allora si spreca per valorizzare agli sprovveduti la «corsia» tibetana, vecchia ma non antica per carità, sennò si tratterebbe di milioni. Spara cifre con noncuranza, sa che ha più successo di un magazzino stipato di montagne inamovibili di Boukhara e di Shiraz con tanto di certificato di garanzia. Se gli si chiede un trattamento di riguardo fa la faccia dolorosa e sbalordita del chirurgo che si sentisse proporre lo sconto sulla parcella.

Mercatino addio. Tutto ufficiale e noioso come un telegiornale.

IL BUSINESS. Cominciò diversi anni fa con la cosiddetta nuova cucina. A metà pranzo ti davano il sorbetto con la salvia: faceva vomitare, ma era molto fine. Da allora è cominciata l'irresistibile ascesa del gelato. Non era più roba da bambini o lussuria finale di signore che avevano pasteggiato pesando il radicchio e i grissini: anche i maschi al bar, invece del solito whisky per uomini forti, cominciavano a ordinare mastodontiche coppe variopinte e le affrontavano con voluttuosi giri di cucchiaino.

Ho sotto gli occhi un dépliant con «idee» per antipasti (gelato al pomodoro, agli asparagi e alle zucchine), per minestre (gelatone di verdura, sformato surgelato di mirtilli, cipolle e albicocche). Il menù sarebbe anche accettabile se proponesse come dessert spaghetti, lasagne o pasta e fagioli. Gli spot sciolgono inni alla gelatiera formato famiglia e nei negozi affollati di casalinghe sento dire «la mia gelatiera» con lo stesso tono con cui anni fa si diceva «radiofonobar».

Sarà una conquista sociale, ma è un tramonto di magia: quand'ero ragazzo e passava l'uomo col carretto fatto a cigno, il gelato era un'altra cosa e tutta la mia adolescenza è stata dominata da un episodio: ero stato al compleanno di un ricco compagno di scuola, sua madre aveva offerto il gelato, lo faceva lei in casa. Il mio compagno mi spiegò con noncuranza: «Io, quando ne ho voglia, mangio il gelato per merenda».

Oggi è tutta una gelateria. Ho fatto un giro per le capitali balneari: hanno sventrato locali che ospitavano calzolerie, oreficerie e agenzie di viaggio e si sono messi a fare i gelati.

C'è soltanto un fenomeno che regge il paragone con il boom delle gelaterie: la Borsa ante crollo di giugno, quando le brave donne, invece di fare la spesa dal macellaio, andavano a comprare Fiat ordinarie e Generali. A tavola si tirava avanti con tonno in scatola e orrendi precotti, ma la massaia guadagnava in tre ore al Borsino più del marito in un mese.

La penisola grandi attrazioni ha dunque scoperto, dopo la Borsa traditora, la gelateria. I cartelli con le specialità sembrano pagine dell'elenco telefonico: coni al kiwi, all'avocado, alle melanzane, alle noci, al melone, al granoturco, al pepe verde. Se qualcuno, patetico, chiede del pistacchio, tutti si voltano.

Pochi sopravvissuti si ostinano col gelato da passeggio infilato nel bastoncino, e l'addentano delicatamente. Trionfa invece il cono dove si tira fuori mezzo metro di lingua e si lecca tutt'attorno perché non coli. Osservando appunto le lingue si captano le attuali tendenze di mercato: rosa al fragolone, blu al puffo, verde al cetriolo, striata al gorgonzola. I più costernati sono i commessi dei negozi attigui alle neogelaterie: devono fronteggiare le sbrodolanti manate dei bambini sulle vetrine e lo sputacchiamento generale (i semi sono simbolo di genuinità).

Gli invitati a pranzo arrivano tutti inesorabilmente con le confezioni da dodici che vanno a intasare il frigo dei padroni di casa e la conversazione, per tutta la serata, verte su dove fanno meglio lo zabaione o il cioccolato. Lasciate le penne in Borsa, turbe di italiani tentano l'en plein con la Gelateria. E per ora tutto sembra funzionare. Se tornano di moda i bomboloni, il crac sarà di proporzioni storiche.

LAMPEDUSA. Se uno non si è documentato, ha l'impressione di atterrare in un'isola rasa al suolo: una sorta di dolina carsica, aspra e bruciata, stranamente immersa in un mare turchese. Ma chi, ante-Gheddafi, non sapeva nulla, neppure se Lampedusa appartenesse alle Pelagie, alle Egadi o alle Eolie (perché non esiste per le isole una filastrocca scolastica come per le Alpi Marittime, Cozie, Graie), adesso sa anche che Lampedusa era lussureggiante fino a qualche decina d'anni fa quando — per offrire un passatempo ai confinati politici e comuni — le autorità regie non trovano di meglio che fargli bruciare gli alberi per cavarne carbonella. Uno dei tanti regali dello Stato italiano.

Se all'indomani dell'attacco libico tanti lampedusiani erano dell'idea di imbarcarsi sui pescherecci e di presentarsi con bandiera bianca davanti alla corte di Gheddafi — siamo qua, cosa desidera, che buttiamo a mare gli americani? — un'attenuante ce l'avevano. Un minimo di dignità nazionale presuppone la presenza di una nazione. Qui all'indomani dei missili non c'era neanche una bandiera. Il primo tricolore, l'ha issato il signor Rino Monici, direttore del villaggio Baia Grecale, facendolo cucire in fretta e furia a Caterina, la merciaia del negozio «Non tutto ma di tutto».

Ignorati dallo Stato, i lampedusiani si sono sempre vendicati organizzandosi una specie di repubblichetta secessionistica dove non si pagava il bollo di circolazione («Se non ci fate le strade che tasse pretendete?») né il canone della televisione («Pigliamo Gheddafi più nitido di Craxi») e autodispensandosi da tanti altri civici pedaggi: dopo tutto Lampedusa non appare nelle carte della penisola e neppure nelle previsioni del tempo della Tv.

Si può dire che la vera annessione all'Italia non l'hanno fatta i garibaldini, ma i missili del colonnello. Lo Stato è accorso precipitosamente con le sue *stars* più o meno stempiate, un'inflazione di ministri e sottosegretari sotto i riflettori e le telecamere della hit parade lampedusiana. Sembravano i tempi del Negus quando i gerarchi andavano una settimana in Abissinia per beccarsi un nastrino. Ora chi viene a far vacanza qui ha un rimborso dal governo e per ottenerlo deve presentare una pezza d'appoggio: in tal modo i lampedusiani hanno scoperto che la fattura non è solo un rituale contro il malocchio, ma un foglio di carta che obbliga a pagare l'Iva.

Dopo due giorni, da Lampedusa si può scappare. Oppure innamorarsi di questa specie di infuocato meteorite caduto in mare: basta circumnavigarlo con un barcone che fa tum tum. Sulle pareti a strapiombo si possono immaginare (come nel «gioco delle nuvole») facciate di chiese gotiche, romaniche, barocche, torrioni saraceni, scogli stratificati come enormi tiare pontificie.

Ma, come si sa, la Lampedusa più bella è quella scoperta e lanciata dal sub. La mia apnea è ridicola, ma mi è bastato pinneggiare qualche metro sotto per intravedere fondali fiabeschi, incuneandomi fra banchi di pesci come tra folate di foglie autunnali al ralenti.

Ieri sera due grandi uccelli hanno attraversato il cielo rosa con lento battere di ali. Sono cicogne, mi hanno spiegato, e siccome arrivano da levante cambia il tempo. Oggi ho constatato che cosa s'intende qui per tempo che cambia: qualche nuvola bianca che veleggia rapida nel blu dipinto di blu. L'autunno è alle porte, ma in questa scheggia d'Africa (tanto più a sud della latitudine di Tunisi) continua un'estate rovente che finirà solo ai primi di novembre quando gli ultimi villeggianti si decideranno a ripartire per le nebbie del Nord.

Allora a Lampedusa comincerà l'autunno, stagione più psicologica che atmosferica. Di colpo si piomba nella solitudine insulare. Qui non si sa che cos'è il weekend e non si può neppure caricare la famiglia in macchina la domenica pomeriggio perché ci sarebbero da percorrere sette o otto chilometri per guardare il mare da una rupe e poi tornare a casa.

Esplodono a novembre gli amori covati nell'indaffarata stagione turistica: ci si sposa a molto meno di diciott'anni con la «fuitina», cioè rapimento e fuga. Si fugge a qualche centinaio di metri, si capisce, ma basta passare una notte in una grotta scavata al tempo dei turchi per ripresentarsi ai genitori col fatto compiuto.

I padri recitano la scena dell'onore offeso con qualche sberla in pubblico che lava l'onta. Ma in privato si rallegrano perché con la «fuitina» si evita il rito nuziale e il pranzo che — considerata la ramificazione delle parentele — non va mai sotto i cinquecento invitati.

Quando arriva il figlio, la gestante parte in aereo per Palermo. A Lampedusa da cinque anni non nasce più un bambino. A volte, per crepare, basta un infarto, una peritonite, un incidente in moto. Perché l'elicottero parte da Trapani ma, prima che arrivi, con tutte le autorizzazioni da Roma, non passano mai meno di sei o sette ore.

Ci vorrebbe un elicottero fisso. Ma non ce lo mettono perché costa troppo di manutenzione.

Un turista l'altro giorno si è rovesciato con una barca a vela. L'hanno cercato per due giorni e l'hanno salvato. Per un solo naufrago si sono spesi fra aerei, elicotteri e guardacoste trecento milioni. A Lampedusa ci sono 4500 naufraghi potenziali. Non si spende una lira.

DI BOCCA BUONA

Sono divenuto per qualche giorno assiduo frequentatore di spacci alimentari. Ecco un breve rapporto.

Negozio di pasta fresca. Due donne dietro il banco, probabilmente madre e figlia: indossano un grembiule bianco e hanno pure la cuffietta regolamentare. Quella della ragazza è microscopica, una barchetta di carta su una enorme testa in burrasca. La fanciulla sta servendo un crafen, lo prende (delicatamente) con la mano e lo depone nel tovagliolino di carta (anche mio figlio piccolo, quando gli insegnavamo a usare le posate, afferrava uno spicchio di mela e lo incastrava coscienziosamente nella forchetta).

La madre, che ha ricevuto in pagamento una lercia manciata di biglietti da mille, cerca di sbrogliarli e li stira pure con la mano prima di riporli nel registratore di cassa. Quindi si produce in una asepsi impeccabile stropicciandosi le palme sui fianchi e passa ad altra ordinazione: immerge la mano in un vassoietto di tagliatelle fresche, le scrolla un po' per districarle, le mette sulla bilancia. Passano il peso, allora ne toglie un ciuffo e agita le dita per lasciar ricadere quel tanto che fa andare l'ago a segno. Quindi si umetta un dito sulle labbra per sfilare meglio la carta su cui trasferisce le tagliatelle. La cliente ha seguito sorridendo tutta l'operazione, forse ammira la manualità della pastaia.

Le tagliatelle — cerco di confortarmi — sono destinate a una pentola: bollendo si sterilizzano. Ma salame e prosciutto non si fanno bollire. La salumeria è piccola ma raffinata, i prodotti invitanti, con i colori accesi. Il pizzicagnolo è un tipo gaio, scambia battute con i clienti, ora sta servendo una signora che ha chiesto due etti di «bologna». L'uomo regola l'affettatrice e lenzuola di mortadella cominciano ad adagiarsi nelle sue mani che le dispongono artisticamente sulla carta oleata. I gesti sono ritmici, quasi eleganti: sembra che diriga un adagio. Poiché mi sono accorto che non c'è cassiera e il denaro lo maneggia lui, quando è il mio turno gli chiedo a bassa voce se per il prosciutto può usare le pinze. Gli sparisce bruscamente il sorriso: «Certo che ho le pinze, eccole qua, se non le uso è per un riguardo ai clienti: con questi aggeggi ne servo due nello spazio in cui potrei servirne quattro. Ma se i signori dopo di lei sono d'accordo, eccola accontentata con le pinze». Mi sento osservato, sono un corpo estraneo, capto una voce femminile: «C'è gente che ha tempo da perdere».

Entro in pizzeria. Il pizzaiolo fa i suoi numeri con la pastella, la butta in aria, la riprende al volo, la spiaccica sul marmo, la massaggia con la farina. Tocca solo ingredienti, perché c'è la cassiera. Perfetto.

Poco distante, dietro il banco della tavola calda, un ragazzotto serve maccheroni, strozzapreti o gnocchi, smestolando nei padelloni inox. Nei tempi morti fissa estatico un televisore, appeso sghembo come quelli degli aeroporti. Trasmette videomusic. Il ragazzo ritma con la testa e si rosicchia il pollice. Un giovane uomo, vestito da manager, prende il piattino, chiede del parmigiano. Il ragazzo immerge la mano rosicchiata in una ciotola, sformaggia i maccheroni, si passa le mani sul grembiule, riprende a cesellarsi le dita. Il manager non fa una grinza, degusta sereno.

La prima considerazione è che per la maggior parte degli avventori l'igiene è una quisquilia. Il concetto di contagio è attualmente monopolizzato dall'Aids. Si tiene il bambino a casa da scuola se un compagno ha uno zio portatore sano, ma si accetta, imperturbabili, che laidi bottegai ci inondino di stafilococchi. Nei negozi della mia infanzia c'era scritto: guardare e non toccare. Oggi si tocca senza guardare.

La seconda riflessione riguarda lo stomaco degli italiani. Lo si vede al supermarket: strappano il cellofan delle confezioni di carne cruda, girano la bistecca per vedere se è rossa anche di sotto. La rimettono a posto. Il cliente successivo si accontenta e la prende lui.

Anni fa nelle toilettes d'autostrada c'era un cartello: «Lascia questo luogo come vorresti trovarlo». Dopo qualche mese lo tolsero: la gente lo lasciava come non gliene fregava niente di trovarlo.

Le leggi di igiene e di controllo della loro applicazione dovrebbero però esistere anche per i cittadini sudici e autolesionisti. Ma dalla serenità con cui tanti negozianti maneggiano soldi, alimenti e narici si deduce che la presenza degli ispettori è incombente come quella della polizia stradale nel tratto Bologna-Firenze.

Potrebbe rappresentare un deterrente l'inasprimento delle sanzioni. Ma se il governo studierà un'iniziativa del genere, è probabile che arriveremo alla serrata. I Tir insegnano: se tenevano duro qualche giorno ancora, oltre alla riduzione delle supermulte, avrebbero ottenuto un sorteggio a premi abbinato alle trasgressioni più gravi.

È agli anni dell'adolescenza, a Parma, che risalgono alcuni punti fermi della mia cultura alimentare. Pane e salame, nella cartella dei libri, da tirar fuori con riflessi pavloviani, quando suonava la campanella della ricreazione. Il salame per antonomasia era ed è rimasto, per me, quello di Felino (anche se ho passato una vita a spiegare, più a nord e più a sud, che Felino è un paese e non un gatto).

Poi la polenta, soprattutto quella del giorno dopo, abbrustolita a fette sul fuoco, mangiata con una tazza di latte, nella cucina di campagna dove ero sfollato. Se ritrovo fra le labbra questo sapore, risento anche il rombo delle fortezze volanti che riempiva il cielo e riprovo quella colpevole sensazione di incolumità: chissà dove vanno, a noi non ci vedono.

E ancora l'anguilla marinata che mia madre portava a casa la sera della «vigilia» (e che non si mangiava mai negli altri giorni dell'anno per non sottrarre qualcosa all'incantesimo di Natale). Poi c'era la pattona, cioè la torta con farina di castagne che mi faceva zia Maria per incoraggiamento, ogni volta che avevo compito in classe di latino. Zio Ugo, quando tornavo all'una, si faceva dare la «brutta» e, se trovava degli errori, fingeva costernazione, ma si capiva che era più forte la vanità per averli saputi scovare, tanti anni dopo il suo liceo.

Culatello e anolini mi hanno deliziato, ma perseguitato con il loro lessico un po' equivoco: se andavo da amici in un'altra città mi sfottevano, cos'è che mangiate a Parma, dài, ripetilo forte, culatello e anolini, dovete esser tutti culi da quelle parti. Il primo ricordo del culatello è legato a zio Pippo (eccedo un po' in zii, ma in quegli anni brillavano come astri nei quieti firmamenti di provincia): a un certo punto si alzò da tavola, riapparve con in braccio una specie di neonato avvolto in pannolini, spiegò che il culatello si conservava così, in fasce umide, imbevute di lambrusco. Ne affettò una cosa giusta ma, dalla rapidità con cui lo portò via, compresi che era un salume di casta.

Quando me ne andai da Parma, non essendo tifoso

di calcio, per tenermi su sfoderavo la patria cucina e mi prese un deciso complesso di superiorità da cappelletti in brodo verso quella plebe di tortellini, tortelloni, ravioli, agnolotti pasticciati o (più abominevolmente) alla panna, con cui mi sembrava che nelle altre città si dannassero per starci a ruota.

Poi cominciò il mio solitario peregrinare di cronista per il mondo. Non c'è niente di più solo di un giornalista solo. Devo la mia sopravvivenza psicologica ai frati quasi sempre emiliani che ho trovato un po' dappertutto, in conventi, missioni, chiesette d'ambasciata. M'invitavano a cena e mi rimbambivano giulivamente con piatti e casseruole della mia infanzia. Ricordo, in particolare, in Turchia, un'orgia francescana di tortelli con le erbette sepolti sotto slavine di parmigiano. E fu in tale occasione che scoprii il valore freudiano di questo formaggio di casa: cominciai a metterne in valigia uno spicchio ogni volta che partivo, era come il rosmarino degli emigranti. Credo di averlo sformaggiato anche sui piatti tropicali e un giorno pubblicherò questo mio allucinante ricettario a base di parmigiano.

Ora che vivo più tranquillo, ritorno ogni tanto a Parma, dove, fra l'altro, ho appuntamento annuale con la trippa che mia zia Angela cura per tre giorni (guai a comprarla già «scottata» dal macellaio), con la polenta «consa», o pasticciata, di un'amica che abita sul torrente, e con un amico di campagna, quando ammazza il maiale: attizza personalmente il forno esterno a legna, dove cuoce pane, ciambelle alte venti centimetri e lo stinco sul letto di verdure.

I parmigiani generalmente non stramangiano, anche perché teorizzano molto su ciò che stanno mangiando e analizzano le sfumature che sostengono di saper cogliere: per esempio un vago sapor di metallo nel pomodoro tagliato col coltello anziché spezzettato con le mani, oppure la profanazione di un quarto di dado, messo a insaporire il brodo.

Scorrere un menu a Parma mi mette addosso una nostalgia allegra. Anche se devo confessare due mie chiusure irrevocabili nei confronti di due classici di trattoria: la frittata con le rane e il «caval pist», la carne di cavallo battuta, dolce, stomachevole: persistente incubo di un mio periodo di anemia.

Sono un po' ingrassato in queste ultime settimane e mi son messo a dieta. Mi alimento con un minestrone ipocalorico che non sazia la mia fame da adolescente in crescita. Allora, sotto lo sguardo perplesso di mia moglie, effettuo le seguenti operazioni: metto nel brodo due cucchiai d'olio, mezz'etto di parmigiano, e poi ci sbriciolo dentro del pane. Ne mangio tre scodelle.

Un mio amico medico mi ha fatto quattro conti e poi ha detto: calorie per calorie, perché non te ne vai dalle tue parti e non ti fai un piatto di tortelli e cotechino?

I PROGRAMMI DELLA SERATA

Ogni tanto incontro qualcuno che confessa, anzi proclama: «Non ho l'automobile e neppure la patente». E lo dice con la superbia di coloro che nuotano controcorrente nei pressi di una cascata. Ho conosciuto tempo fa anche gente che asseriva di non possedere televisore. Naturalmente «per principio». Li rispettavo con quel misto di ammirazione-diffidenza che si prova per chi, ad esempio, ha fatto voto di castità o non tocca mai carne. Ma a distanza di anni li ho rivisti. Adesso non parlano più di «principio», si limitano a dire che accendono il video «solo lo stretto indispensabile». Ma poi si tradiscono parlando male di *Capitol* e *Dynasty* e si scopre che il loro concetto di «indispensabile» spazia fra venti o trenta canali.

Io invece appartengo alla schiera dei più: teleserate a gogò, ogni tanto mi ribello, vado a letto a leggere o fuori a fare quei quattro chilometri a piedi che ogni cardiologo prescrive come minimo vitale. Ma poi ci ricasco. Arraffo un po' di tutto, col complesso del mutuato in farmacia, prima che mettessero il ticket. E devo dire che anche l'inflazione di capolavori è disastrosa: per esempio adoravo *Rashomon*, ma non lo reggo più da quando, una sera sì e una no, mi imbatto nella celeberrima inquadratura del sole fra le foglie della foresta dove si consuma il dramma delle quattro verità.

La domanda che spesso ci poniamo è: come saremmo se, tanti decenni fa, non avessero inventato la televisione? E la prima filastrocca automatica è che saremmo migliori, meno condizionati, più creativi nel tempo libero, avremmo continuato a giocare a Monopoli, al Mercante in fiera, avremmo letto di più. (E un libro ha sempre due autori: chi lo scrive e chi lo legge.)

Ma poi insorgono i dubbi: una mediocre serata televisiva può essere un antidoto a qualcosa di peggio. Quanti spinelli in meno, se un programma di videoclip tiene in casa il ragazzetto? E d'accordo che la televisione ha ucciso il dialogo fra i coniugi, ma forse ha attutito anche le scenate: una volta il marito usciva di casa sbattendo la porta, adesso cambia divano e dopo un po' chiede spiegazioni perché non ha capito chi è l'assassino.

È impossibile ipotizzare come saremmo senza televisione. Ma è possibile sperimentare che succede a chi si sottopone a un test di astinenza.

È dimostrato che si sopravvive. Benjamin Barreaux, undici anni, di Millburn nel New Jersey, è rimasto per un anno senza guardare la tv e ha vinto i 500 dollari scommessi con sua madre.

Altri, prima di lui, avevano fallito. Ricordo due anni fa un esperimento nel Michigan: una famiglia, su invito di un'équipe medica, si sottopose al test. Che fu interrotto al quarto mese: la madre (mi sembra) in reparto neuro, il padre licenziato dalla ditta, per totale abulia, i due figlioletti sottoposti a terapia intensiva in una specie di sala rianimazione sui cui monitor si proiettavano cartoons ventiquattr'ore su ventiquattro.

Il piccolo mostro Benjamin sembra invece che stia bene: pressione arteriosa normale, martelletto sul ginocchio regolare, diuresi entro i limiti.

Nella interminabile eclissi televisiva il ragazzo «ha letto libri e fumetti», i giudizi dei suoi insegnanti «sono passati da sufficiente a ottimo». Si apprende inoltre che Benjamin ha superato la prova grazie anche alla sorella Ashley, di nove anni, che per tutta la durata dell'anno si è assunta il compito di guardare i filmini e di fargliene un riassunto.

Sempre che Benjamin non utilizzi i 500 dollari per comprarsi un maxischermo e rifarsi del tempo perduto, il fatto appare rilevante e getta una luce nuova sul dibattuto problema della videodipendenza infantile. Anche nel nostro Paese diverse iniziative si propongono di aiutare i bambini delle elementari a orientarsi nel diluvio quotidiano di teleimmagini, a sceglierle anziché subirle, ad approfondire certi temi con la frequentazione, tanto più proficua, di buone letture. Progetti nobili, forse appena velleitari, soprattutto di fronte alla prosaica constatazione che son bastati 500 svalutatissimi dollari a operare il miracolo.

Ho tentato un rudimentale sondaggio all'uscita di una scuola e ho registrato un'insospettabile propensione dei ragazzini a quantificare le loro eventuali privazioni: c'è chi accetta una settimana di black-out per cinquantamila lire, ma non un mese per trecentomila e c'è chi, per periodi più lunghi, negozia milioni come noccioline.

Non so se la scommessa sia la strada giusta per la famiglia italiana. In definitiva oggi una madre neutralizza il pargolo gratis, piazzandolo per un pomeriggio davanti al video. Se la cosa cominciasse a costare sulle diecimila al giorno, molti genitori si pronuncerebbero per la videodipendenza integrale.

Sentieri: non ho mai visto neppure una briciola di questa saga televisiva ormai decennale, ma ne parlai tempo fa con una mia nipote: ogni volta che capitavo a casa sua e si andava a tavola, a un certo punto lei chiedeva scusa, prendeva il piatto e andava a sedersi davanti al video.

Mia nipote è laureanda in lettere antiche, non ha mai letto un fotoromanzo e guarda con tenera disapprovazione le ragazze che all'edicola ne comprano a chili, mentre lei sceglie rotocalchi d'autore. Eppure, mi confessò, stava festeggiando il primo anniversario di consuetudine con l'incredibile polpettone: ogni giorno «si bucava» con *Sentieri* senza riuscire a smettere.

L'incontro era stato casuale. Un giorno, solfeggiando col telecomando, vedi una passeggiata romantica in slitta, il film con le montagne che scorre dietro, lui e lei che si baciano mentre fiocca la neve di polistirolo. E scatta la curiosità di sapere chi sono e che cosa fanno sulla slitta. Un po' come quando dal treno vedi per un attimo una finestra aperta e cerchi di immaginare chi ci vive dietro, è felice, disperato? sta parlando con qualcuno al telefono per dirgli una cosa importantissima che tu non saprai mai?

Il giorno dopo la slitta, ti risintonizzi (quasi pigliandoti in giro) sullo stesso programma, ma non riesci a sapere di più sui due amanti delle nevi. Però, a un certo punto, lei risponde al telefono e, non si sa perché, impallidisce. Cala la tela della puntata e il gioco è fatto: ti ritrovi pian piano avviluppata dai tenebrosi tentacoli della premiata famiglia Spalding & C., specialità: ricatti, estorsioni, stupri, adulteri e rapimenti; memorizzi accuratamente ogni particolare per tentare di capire alcuni fondamentali antefatti che forse risalgono a cento puntate prima; cominci a dribblare inviti e risotti strepitosi per non perdere puntate decisive.

La vita di Springfield, patria di *Sentieri*, ruota inspiegabilmente intorno allo stesso ristretto nucleo di persone come se in tutta la città (che si deduce essere piuttosto grande per il fatto che è dotata di aeroporto e università) non esistessero che loro. Sembra anche che ci siano molti Hospital, li citano spesso, eppure qualsiasi tipo di malato conosciuto o sconosciuto va sempre a finire all'ospedale dei Cervi, di cui però si conosce soltanto il quarto piano, o meglio il banco d'accettazione, e lo spazio davanti all'ascensore. L'ascensore ha un ruolo insostituibile: gli incontri determinanti avvengono tutti lì, con ferrea casualità. Il dottor Marler parla per esempio con l'infermiera di suo fratello Ross, famoso avvocato che abita distante due fusi orari, ed ecco che le porte scorrevoli si aprono e il fratello avvocato è servito caldo.

In *Sentieri* non ci sono quasi mai panoramiche né campi lunghi: lo schermo è sempre occupato da facce che parlano ininterrottamente. Se le facce si spostano dall'interno all'esterno, grilli provvidenziali fanno capire che la scena si è trasferita in giardino. Se le facce vanno più lontano, allora compare una scritta in sovrimpressione che indica Zurigo, Parigi o Santo Domingo. Probabilmente la produzione di *Sentieri* punta sull'Oscar dell'economia.

Da ragazzi leggevamo le grandi saghe che durano cinquant'anni e quando i personaggi cui ci eravamo affezionati — prima bambini, poi giovani scavezzacollo — cominciavano a invecchiare, non ci piacevano più e si smetteva di leggere.

Con *Sentieri* questo disamore è impossibile: quando, per esempio, quel delinquente di Roger finalmente muore a Santo Domingo dopo aver: 1. ucciso un amico, 2. mandato in carcere la moglie innocente di quest'ultimo, 3. tentato ogni giorno di rapire la di lui figlia in tenera età, 4. fatto morire di crepacuore l'amante francese, 5. rapito un'ex amica incinta che in seguito al trauma perde il bambino. Quando dunque Roger si spiattella giù da un dirupo, non fai in tempo a rimpiangere questo personaggio, che in fondo era un mascalzone simpatico e teneva su le puntate, perché già si delinea un altro gaglioffo niente male, che promette cose egregie.

La storia di *Sentieri* è una serie senza fine di storie diverse: per collegarle basta poco. Il personaggio nuovo, per esempio, esordisce finendo sotto la macchina di uno dei capostipiti fissi, viene immediatamente portato al banco accettazione del quarto piano e così riceve un crisma di ufficialità. Se dopo un centinaio di puntate morirà anche lui, prima avrà avuto cura di mettere sotto le ruote qualcun altro.

I dieci anni di *Sentieri* sono lunghi ed è capitato che qualcuno sia morto davvero: non il personaggio, proprio l'interprete. Se il suo ruolo era basilare, viene ingaggiato un altro attore e, siccome ha una faccia diversa, gli inventano un pauroso incidente per cui ha dovuto farsi la plastica.

Leggo che *Sentieri* ha coinvolto milioni di telespettatori tra cui molti intellettuali (stupefatti e avviliti da una simile frequentazione). Telefonando in certe case dopo l'una e mezzo, nessuno risponde, oppure viene qualcuno che pronuncia un secco: «No, Sentieri». E riattacca.

Il segreto credo sia la sua eternità. Prendi un brutto film con Amedeo Nazzari e Yvonne Sanson e resta solo un brutto film. Se andasse avanti per anni e anni diventerebbe un'abitudine. Le abitudini non sono né belle né brutte, sono soltanto abitudini. Anche al cagnetto sgraziato raccolto per strada ci si affeziona.

La vita è tutto un finire: finisce l'estate, finisce il bel libro, finisce un amore, finisce un altro anno. Davanti all'ascensore del quarto piano tutto ricomincia. E ciò diventa una compagnia rassicurante, come l'orso di pezza che si portava a letto.

Ceniamo in fretta guardando l'orologio, un po' nervosi come quando ci si prepara per andare a una «prima» dell'opera. In realtà non si tratta di una prima, ma di una settima o di un'ottava: tante sono le volte che abbiamo visto *Licenza di uccidere* in venticinque anni di cinema all'aperto al mare. Ma è pur sempre la prima volta che ci arriva in casa alle 20.30.

Siamo la prima generazione che invecchia con la tv e questo significa invecchiare più brutalmente: ci si vede nel video come in uno specchio. Com'è quasi adolescente Sean Connery, accidenti, e che sfacelo con barba e panza nel *Nome della rosa*. Anche gli eroi del vecchio cinema — si capisce — incanutivano, ma non c'era il continuo crudele raffronto con i primi film, perché erano già usciti dal circuito. Nell'èra del telecomando passato e presente convivono spietatamente.

James Bond, dunque. È difficile aggiungere una goccia d'inchiostro ai torrenti di saggi e di analisi. Ma di fronte all'ultimo, sedicesimo 007, interpretato da Timothy Dalton — che per tutta la durata del film s'infila fra le lenzuola sempre e prudenzialmente con la stessa donna (certo, oggi c'è l'Aids, ma almeno nella finzione cinematografica ce ne saremmo dimenticati volentieri) — di fronte a quest'ultima versione di 007 mi sembrano d'obbligo un'osservazione e un rimpianto.

Tanti personaggi dello schermo sono tranquillamente trasmigrati da un attore all'altro, per esempio Tarzan o Maigret o Sherlock Holmes. Ma, vedendo *Licenza d'uccidere*, m'accorgo che James Bond è rimasto inchiodato a Sean Connery. Probabilmente c'è una componente emotiva nella mia predilezione, a volte rimpiango anche la fame e le bombe dell'inverno 1945, perché coincidevano con i miei splendidi diciotto anni.

Ma al di là di queste suggestioni, Sean Connery mi sembra ineguagliato per il suo stile animalesco, per l'aplomb con cui demoliva avversari a colpi di karatè, schiantando femmine, nei tempi morti, con l'ironica consapevolezza della sua irresistibilità.

Perché non lo convincono a un grande ritorno, con venti chili in meno e venti giorni in una clinica brasiliana del restauro?

Attorno a lui tutto è ormai datato e patetico: dopo venticinque anni, *Licenza di uccidere* — quanto a orrore, violenza e sesso — è diventato un film da oratorio. Gli effetti speciali ci sembrano innocenti trucchi da palcoscenico, le limousines dei primi anni Sessanta son già dinosauri cromati e gli «spericolati» inseguimenti d'auto ci inteneriscono, dopo le acrobazie che ci hanno mostrato dal vivo e in diretta gli stunt men del Motorshow.

Però basta Sean Connery a dominare lo schermo: per quanto riguarda il contorno — cioè queste mirabolanti invenzioni messe in ridicolo dalla sopraggiunta realtà — basta predisporsi nello stato d'animo giusto. Di quando appunto si va all'opera. Là nessuno sorride, quando entra traballando il cigno del *Lohengrin*.

Derrick: un ispettore garbato. Così ce lo presenta la Rai. È vero: talmente garbato che, nel timore che non lo abbiamo capito, ci ripropone le stesse indagini di due anni fa. Seguendo il telefilm, diciamo: adesso lui gli dà il crick in testa, no, il crick è in un'altra puntata, qui lo butta dalle scale.

La memoria televisiva è strana: ogni giorno incameriamo una tal ridda di immagini che ci appaiono nuove anche quelle decrepite. Però è una sensazione curiosa: soltanto qualche particolare di una scena (un soprammobile, una battuta, un abito rosso) ci avverte che stiamo vedendo qualcosa di già visto.

(Alla Rai conoscono il fenomeno e ci marciano: non c'è niente di più inedito del già programmato. Bisogna adeguarsi. Presentando fotocopia del canone pagato l'anno prima.)

A Derrick dedicai un peana anni fa: Derrick, senza il sigaro del tenente Colombo, senza la pipa di Maigret, senza i leccalecca di Kojak; Derrick cui bastano come segni caratteristici gli occhi da batrace, i capelli impomatati che si ricongiungono sulla nuca come le acque del mar Rosso, la compostezza nelle sparatorie.

Ma, nonostante questa insana passione, m'ero lasciato sedurre dal commissario Köster: non un colpo di fulmine, ma la progressiva scoperta di un fascino dove si fondevano elementi apparentemente inconciliabili come bonaria tolleranza e tagliente ironia.

Il commissario Köster era il titolo italiano ma quello originale, *Der Alte* (il vecchio, il saggio), rendeva più giustizia a questo nonno delle investigazioni. Köster aveva in comune con Derrick alcune cose: la fulmineità con cui salito in macchina aveva già la cintura allacciata; le palestre di danza dove c'è sempre da interrogare un'amica della vittima; le prigioni con i pavimenti a specchio; lo sfondo di una Monaco impeccabile, dove le Bmw della polizia son sempre immacolate, anche dopo lunghi inseguimenti fra nevischio e fango. Ma, per il resto, Köster mi appariva superiore a Derrick.

Questo attempato gentiluomo, più britannico che bavarese, innanzitutto era meno assatanato di Derrick e ogni tanto, fra un omicidio e l'altro, si rilassava ai fornelli, bruciandosi pure un dito che, nella puntata successiva, appariva vistosamente fasciato. Inoltre era molto più spiritoso e ai glaciali ghignetti di Derrick opponeva i suoi malinconici sorrisi e l'ombra di costernazione con cui metteva alle strette la bellissima assassina, ordinando ai suoi uomini «No, niente manette». Tutto questo, secondo me, giustificava il ruolo adorante del suo occhiceruleo discepolo e collaboratore.

Il commissario Köster, come si sa, è morto per una revolverata una sera di dicembre e, per una topica di Rai Due, è riapparso la sera dopo in una serie di parecchi anni precedente (è il '74 o il '75, diceva mia moglie osservando le camicette striminzite delle donne con i colletti a punte lunghe; '76/77 dicevo io, guardando le vecchie Opel e le Volkswagen). Poi è scomparso definitivamente lasciando le 18.30 a Derrick. Sono tempi di staffetta.

Dopo un iniziale sbandamento, ci siamo riabituati a Derrick: i telespettatori sono costituzionalmente infedeli. Vedovi inconsolabili, trovano subito da consolarsi. È successo con *Starsky e Hutch*, con *Kojak* e *Colombo* (che però vivacchiano su canali limitrofi). Per Köster mi sembra, tuttavia, che si registri un telerimpianto particolare, siamo milioni di orfani.

Abbiamo appreso che il vecchio commissario è morto per espressa volontà del suo interprete, signor Siegfried Lowitz. Non ne poteva più. E non ci vuol molto a entrare nel suo dramma quotidiano, nel ritmo allucinante imposto dalle riprese di centinaia di episodi. È probabile che Lowitz rincasasse la sera chiedendo alla moglie o ai figli: dov'eri tra le 17 e le 18?

Però vorrei anche che dopo un anno di riposo Herr Lowitz prendesse atto del cordoglio internazionale provocato dalla sua fine e si assoggettasse al destino di tutti i personaggi più amati che si reincarnano a furor di popolo.

Se hanno resuscitato un fessacchiotto come Bob di *Dallas*, non ci dovrebbero essere problemi.

Forse, più che di avvoltoi si dovrebbe parlare di una specie nuova: pecore rapaci che si spintonano a greggi dietro le sparute idee (che ogni tanto qualche genietto tira fuori) e ci campano sopra facendole a brandelli. Penso, in particolare, al lancio televisivo dei nuovi modelli d'auto. Anni fa qualcuno ebbe la trovata di presentare una vettura in passerella come una mannequin: la macchina faceva il défilé tra applausi e crepitar di flash. E per anni ci sorbimmo autovetture in décolleté che debuttavano tra tendaggi, coppe di champagne e Vivaldi in sottofondo.

Poi ci fu il genietto di turno che sbaraccò la formula della cerimonia mondana e girò la presentazione in esterni, il più esterni possibile: il Far West. Si vedevano appaiati la nuova vettura e un cowboy in sella, a staffa lunga. Il cavallo schizzava via con gli speroni nel ventre e la macchina scattava anche lei. A un tratto il cavallo saltava un ostacolo e pure la macchina saltava (più in alto e più a lungo del cavallo), ricadendo sulle quattro ruote. Non male, non male: sulla stabilità di quell'auto non ci pioveva. Poteva essere un discorso finito lì: invece si stava schiudendo una nuova epopea pubblicitaria, quella delle macchine che volano.

Un successivo carosello presentò un modello di media cilindrata accanto a un biplano: l'aereo prendeva la rincorsa, decollava e (con un trucchetto di montaggio) decollava anche l'auto. Ci digerimmo anche il decollo, pensando: se per vendere si puntasse sul razionale, anziché sull'irrazionale, si venderebbe la metà. Ma allora, spettacolare per spettacolare, c'eravamo divertiti di più con Indiana Jones.

Però il processo era ormai irreversibile: tra le case automobilistiche s'ingaggiò una corsa spaziale del tipo Usa-Urss. Il decollo dell'utilitaria fu infatti poco dopo ridicolizzato dalla presentazione del modello concorrente, che fu piazzato sulla catapulta di una portaerei. Solfeggiando col telecomando, ogni sera c'imbattiamo nella macchinetta che viene scaraventata in mare e quindi ripescata da un sommergibile. Ma a questo punto, se proprio si era deciso di mobilitare la flotta francese, mi sarei divertito di più se la macchina fosse rimasta ferma sulla catapulta e fosse schizzata all'indietro la portaerei.

Salti, decolli, lanci dalla catapulta: il filone spaziale malauguratamente non s'è concluso. L'ultimo exploit è quello della vettura rossa che salta fuori da un vagone volante e comincia a precipitare: la prima volta seguimmo la scena pensando, adesso ci fanno vedere che ha una buona frenata bloccandola a un centimetro da terra, oppure che ha delle buone sospensioni che ammortizzano anche una buca di duemila metri. Macché, la macchina si schianta ed esplode. Fine del messaggio. M'aspetto una berlina buttata giù dal Cielo e relativo commento: il Signore sì che se ne intende.

Io direi di scaraventare giù, il più rapidamente possibile, i restanti modelli dall'Empire State Building, dalle Torri del Vajolet o dal campanile di San Marco e di considerare esaurito per anemia il ciclo delle macchine che volano. Anche in considerazione del fatto che i progettisti fanno di tutto perché restino con le ruote attaccate a terra.

Ogni tanto, saltabeccando col telecomando, lo vedo. È l'Eterno Tappeto. Una voce fuori campo ne illustra caratteristiche, dimensioni, prezzo. Una sovrimpressione indica i numeri telefonici cui rivolgersi per aggiudicarsi quell'oggetto sensazionale.

A volte, invece del solito tappeto vedo un essere mostruoso, tozzo, rugoso, grande come tutto lo schermo: è un dito. Un dito indossatore che presenta anelli, quasi sempre orribili, anche quelli a portata di telefono.

Al fenomeno delle televendite in Italia hanno dedicato molto spazio i giornali stranieri. È un boom inarrestabile che ha una parentela solo apparente con quell'home video shopping che da tempo si è affermato negli Stati Uniti (con un giro d'affari valutato attorno a duemilacinquecento miliardi di lire). Le affinità, dicevo, sono solo apparenti perché le grandi distanze dai centri commerciali, in America, rendono assai comodo comprare per televisione da casa. Da noi invece basta uscire dal portone e, all'angolo, si trova tutto, dal videoregistratore alla pelliccia all'anello.

Eppure anche da noi la televendita imperversa. Non è certo la comodità la molla del fenomeno, ma qualcosa di più complesso, inconscio e vagamente demenziale. Un acquisto fatto in negozio è banale, senza storia. Lo stesso acquisto fatto per tv si carica di suggestione: sia pur con una telefonata si crea un piccolo legame con il rapinoso mondo del video.

Ci sono telespettatori che snobbano *Falcon Crest* e *Peyton Place* e stanno attaccati per ore al tappeto, agli anelli o alle casseruole. Nei serial gli interpreti sono gli altri. Nella televendita i protagonisti sono loro.

PASSATO PROSSIMO

Ricordo, pochi anni fa, una circolare ministeriale che si rivolgeva alle commissioni per la maturità con la seguente prosa: «La validità dell'esame risulterà avvalorata o frustrata di volta in volta e caso per caso nella misura in cui l'incontro riuscirà a interpretare e a realizzare, a livello di ogni commissione, la vera portata dell'accertamento di maturità».

Fossi stato un candidato alla prova scritta, non avrei svolto nessuno dei temi dati, ma ne avrei proposto un altro di mia invenzione: «Con che linguaggio un ministero dell'Istruzione deve rivolgersi al prossimo da istruire». Poi avrei tradotto in italiano le interpretazioni a livello, le portate dell'accertamento e le misure in cui. Se questo tema non fosse stato ritenuto «maturo» mi sarei rivolto in tribunale e poi sarei andato anche in Appello e in Cassazione.

Io non ricordo che tema d'italiano svolsi nel 1946, ma probabilmente avevo da scegliere fra il «sentimento della morte» in Foscolo (da non confondersi con quello del Manzoni, quello del Leopardi, quello del Petrarca e quello di Omero) e un probabile tema sui «valori imprescindibili e inalienabili» che fanno dell'amore di patria, eccetera.

Ricordo poco del mio esame di maturità, anche se è il sogno-incubo ricorrente della mia generazione. Rammento di essere stato un maturando molto fortunato perché (come mi spiegarono tanti anni dopo più giovani candidati) «grazie» alla guerra e «grazie» a tre anni di bombardamenti, io e i miei compagni avevamo portato il programma dell'ultimo anno anziché di tutti e tre.

La prima cosa che ricordo di questo esame è la mia totale afonia durante gli orali. Ora che ci penso, il mio professore di scienze avrebbe avuto un'ottima occasione per spiegarmi il concetto di disidratazione: la disidratazione ci toglie la saliva e senza saliva le corde vocali non vibrano.

Invece, mentre io parlavo senza voce, i professori della commissione conversavano fra loro e questo mi sembrò un'ingiustizia sovrumana. Per fortuna c'era il mio vecchio professore di matematica che mi ascoltava incoraggiandomi con cenni del capo: doveva essere un uomo carico di umanità perché annuiva mentre io parlavo del dodicesimo canto del *Purgatorio* che forse lui — dedicatosi all'algebra — si era completamente dimenticato.

Altra cosa che rammento è che, interrogato sulla data della battaglia di Poitiers, non la ricordai, ma confessai candidamente: ce l'ho sulla punta della lingua, è in alto, nella pagina di destra, sopra la figura di Carlo Martello. E allora un professore mi disse che la memoria visiva era una brutta cosa, era come imparare a pappagallo. E io avrei voluto chiedergli se c'è un altro modo d'imparare le date e avrei anche voluto ricordargli la risposta che Einstein diede a un giornalista che aveva tentato di metterlo in imbarazzo con un puntiglioso questionario: «Non lo so. Non mi imbottisco la memoria con questi dati che posso facilmente trovare, quando mi servono, in qualsiasi manuale. Il valore dell'educazione non consiste nell'apprendere molti dati, ma nell'addestrare la mente a pensare qualcosa che non si può imparare dai libri di testo».

E invece non gli dissi niente perché contestare era un verbo che ancora non si coniugava.

Altra sensazione che ricordo è la scoperta del panico. Avevo conosciuto prima di allora la paura, ma per fare conoscenza col panico dovevo aspettare la prova scritta dal latino in italiano, accorgermi che mancavano cinque minuti alla consegna, che quasi tutti avevano finito mentre io ero ancora a metà. Però l'esperienza fu positiva perché scoprii che, dopo il panico, viene una lucida freddezza e un grande senso della relatività.

E affiora dalla mia memoria un altro particolare. Sono i segni a matita sul mio componimento di italiano: una serpentina rossa a lato di una frase significava che c'erano molti dubbi sulla validità del concetto che avevo espresso. Un segno breve ed energico indicava invece un errore di sintassi: ricordo per esempio che c'era un segno blu sotto un «siccome». Mai cominciare un periodo con «siccome», mi ammonì paternamente il presidente della commissione. E devo confessare che fino a trent'anni ho vissuto col timore reverenziale di questo «siccome». Poi una volta mi scappò in un articolo e mi accorsi che non succedeva assolutamente niente.

L'ultima cosa che ricordo della mia maturità è che in quell'anno ci furono molte bocciature. Però nessun giornale vi dedicò un titolo. Perché restare promossi o bocciati, allora, era una cosa che capitava. Agli esami e nella vita.

Nel vecchio, patetico lessico si diceva: marinare la scuola. Ho fatto una piccola indagine e ho scoperto che a Bologna era chiamato «fughino», a Parma «fogone», a Mantova «sgricc», a Roma «sega», a Forlì «buco», eccetera. A questa pratica sono legati i ricordi scolastici più eccitanti della mia generazione. Erano anni in cui gli insegnanti mettevano soggezione e i genitori facevano paura: ricordo che certi padri di miei compagni di ginnasio, nel vedere la pagella, si sfilavano la cinghia dei calzoni.

Non ho esperienza di «fogoni»: mia madre, severa ma anche dolcissima, mi lasciava stare a casa se non ero pronto in greco e poi firmava la giustificazione con i leggendari «motivi di famiglia». Per questo m'era venuto il complesso verso i miei compagni per i quali l'assenza era rischio e avventura: ogni tanto mi univo a essi nell'interminabile girovagare per giardini pubblici e bar con biliardo in attesa dell'una e partecipavo all'inebriante complicità per coprire il reato («Tu la sai fare la firma di mio padre con questo maledetto svolazzo?»). Quindi tornavo a casa e, come Garrone, confessavo.

Più tardi, verso gli anni Sessanta, dilagò l'educazione permissiva con tutte le litanie sui traumi infantili: la storica alleanza genitori-insegnanti contro i figli-alunni si spezzò, dando luogo a un nuovo schieramento: genitori solidali con i figli contro gli aborriti in cattedra.

Madri agguerrite andavano al colloquio con l'insegnante, pronte a considerare un brutto voto come un insulto genetico. Come si poteva continuare a far fughino o fogone con questi genitori-angeli custodi, pronti a giustificare le assenze dei figli con cento panzane, lieve indisposizione, esami clinici, gara sportiva, estrazione di un'unghia, angoscia notturna, litigio in famiglia, lieve scossa del terzo grado Mercalli?

Poi col liceo post Sessantotto, qualcosa cambiò. Me lo ricorda un'ex fanciulla di Parma: «Ci sentivamo adulte, i fogoni erano battaglie per l'emancipazione: bisognava coprire la coraggiosa che partiva per una caserma del Friuli dove il moroso era carrista e passava sedici ore in treno e due in una cameretta d'albergo. Oppure coprire l'altra coraggiosa che andava a Bologna dove c'era uno dei primi centri per il controllo delle nascite e tornava con la preziosa prescrizione nella borsa: la pillola».

Dopo qualche mese di pillola a gogò — prosegue l'ex fanciulla — venivano i disturbi alla circolazione e allora cominciò la serie dei fogoni «sanitari» (visite specialistiche, analisi del sangue) e successivamente i fogoni «dietetici», perché la pillola faceva ingrassare e il ragazzo non gradiva il culone, prezzo del libero amore.

L'emancipazione frattanto galoppava, i genitori la ingoiavano, non ci fu più bisogno del fogone erotico. Così il fogone divenne semiufficiale: siccome eran venute di moda mostruose interrogazioni programmate, veri e propri esami, si stava a casa da scuola per far bene a scuola dove ci si presentava solo per le interrogazioni. Il fogone aveva perso ogni fascino: «Avevamo compiuto 18 anni, le assenze erano ormai autogestite ed era abbastanza comico compilare il modulo: Si prega di giustificare mia figlia Maria Rossi per indisposizione. Firmato: Maria Rossi. Si andava a scuola per riposarci delle tirate in cui avevamo preparato tutta la *Medea* e facevamo la maglia, leggevamo buoni libri, mancava solo che mettessimo sul banco il cartello "Do not disturb". Tutta la vita di scuola era diventata un unico, prolungato fogone».

Oggi i ragazzi se disertano la scuola è per andare in corteo a chiedere con gli slogan una buona scuola. Così almeno dicono e alla sincerità di molti bisogna credere. Per altri che invece ci marciano il compito è facilitato: il fogone è una manifestazione ufficiale, commentata dai sociologi e ripresa in tv, con i genitori sdilinquiti che cercano nelle immagini del telegiornale la faccia del figlio.

Due anni fa si è parlato molto dei «ragazzi dell'Ottantacinque». In Italia gli anni, quando escono dal calendario ed entrano nella politica, cessano di essere un numero, diventano una parola. E inoltre questi anni importanti non «si trascorrono». «Si fanno».

Tante volte si sente dire «è uno che ha fatto il Sessantotto». Credo che lo si dica soltanto in Italia; una volta ho chiesto a un ragazzo francese: «Tuo padre ha fatto il Sessantotto?». E lui mi ha detto: «Che c. vuol dire?».

In America invece ti rispondono che il loro padre «ha fatto» il Vietnam, e allora vien da concludere che è meglio fare gli anni.

Due anni fa, dicevo, si parlò molto dei ragazzi dell'Ottantacinque. Parlai a lungo con uno di loro e credo di poter fedelmente riassumere le sue parole nel seguente monologo:

«Dunque ho imparato dai sociologi che io sono "uno dell'Ottantacinque". Da noi c'è sempre chi ti spiega chi sei e cosa vuoi. Per la verità anch'io sapevo cosa volevo quando sono andato, la prima volta, in corteo: delle aule riscaldate per esempio, il computer, le attrezzature di laboratorio, ecc. La scuola fa schifo, come gli ospedali e come tante altre cose. Però la scuola faceva schifo anche l'anno scorso, eppure noi non abbiamo fatto casino, non c'è stato l'Ottantaquattro. E perché allora quest'anno? Un sociologo ha spiegato che i movimenti studenteschi si ripetono ogni otto anni, il Sessantotto, poi il Settantasei-Settantasette e adesso l'Ottantacinque: insomma anche le insurrezioni hanno i cicli mestruali. I sociologi devono sempre interpretare, interpreterebbero anche il segnale orario.

«Io dico la mia: un mese fa insieme ai miei compagni ho visto i servizi televisivi sui disordini degli studenti tedeschi a Berlino e Francoforte, auto incendiate, botte con la polizia, eccetera. Però!, ci siam detti, mica scherzano quelli; e noi stiamo qui a farci sfottere da Roberto d'Agostino con i "look" delle Timberland, dei paninari, metallari e darks. Non è mica dignitoso, dobbiamo andare in piazza anche noi.

«È fatale il "contagio", ai nostri giorni: i mass media non possono ignorare certi fenomeni e quindi li alimentano. I nostri antenati erano più bravi, avevano due palle così (per esempio la rivoluzione francese l'hanno fatta senza special televisivi).

«Dunque siamo scesi in piazza anche noi, un motivo ce l'avevamo: appunto la scuola colabrodo, e non c'era bisogno di incendiare auto o di fare a botte con la polizia. Eravamo ancora nel 1985. È stato il giorno dopo che ci hanno spiegato che invece eravamo nell' "Ottantacinque". Un telecronista mi ha chiesto: Ok la scuola che non funziona, ma dietro questa istanza, che fermenti ci sono, in che chiave dobbiamo interpretare "il vostro movimento"? Gli ho risposto: mi lasci leggere i giornali domani e glielo dico.

«Mi sembra che qua e là serpeggi quasi un po' di delusione: possibile che questi ragazzi si accontentino di un po' di banchi in più? Su un quotidiano di Roma ho letto un titolo: "I nipotini del '68 pronti alla carica". Io per la verità volevo fare solo una sfilata.

«Insomma tanti di noi cominciano a sentirsi un po' a disagio, quasi che avessimo tradito una vaga aspettativa. E allora dico: se proprio insistete, faremo l'Ottantacinque. Ma dateci un po' di tempo, non siamo ancora preparati. Per esempio abbiamo slogan di seconda mano e quelli che abbiamo improvvisato ("Ministro Falcucci — non siamo mica ciucci") non mi sembrano la fine del mondo.

«Vi accontenteremo, faremo l'Ottantacinque, ma usateci un minimo di comprensione: noi non abbiamo i grandi maestri che avevano quelli del Sessantotto, tipo Mao e Ho Chi Minh. Chi abbiamo noi, se anche Arafat si è messo a disquisire come un capocorrente democristiano? Non abbiamo "libretti" da agitare in corteo: cosa sventoliamo, Corto Maltese?»

Mi scrive una madre: che tipo di castigo deve usare con suo figlio di otto anni?

Quando andiamo all'anagrafe per denunciare un neonato, sfortunatamente non ci consegnano il suo libretto di manutenzione. Certo esistono teorie generali sul castigo, come esistono teorie generali sulla medicina. Però anche nei caroselli sui farmaceutici ci ripetono: leggere attentamente le avvertenze. E nelle controindicazioni c'è sempre quella più serafica: accertata intollerabilità al prodotto.

Leggo sull'enciclopedia generale Mondadori, alla voce «punizione», che una ricerca effettuata negli Stati Uniti sul tema «crescono meglio i figli castigati o quelli no?» non ha fornito risposte chiare.

Prendiamo un genitore: può essere intelligente o stupido. Prendiamo un bambino: può essere timido, estroverso, ipersensibile, carro armato. Prendiamo questi elementi e accostiamoli in tutte le possibili combinazioni. Ne saltano fuori castighi giusti, idioti, positivi, velleitari. Come si fa a fare una statistica?

Comunque parliamo di sculacciate, il pilastro delle vecchie teorie punitive. È noto che il signor Benjamin Spock scrisse cinquecento pagine per denunciarne la crudele inutilità. E poco dopo (primo caso di pentito della non violenza) scrisse altre cinquecento pagine per sostenerne la prodigiosa efficacia.

Quanto a me, sono stato moderatamente sculacciato e non ho riportato apocalittici traumi nella psiche. Se a mia volta non ho sculacciato mio figlio è unicamente perché una volta che gli tirai giù i calzoni, trovai un malloppo umidiccio di pannolini ben sigillato da mutande di plastica. Armeggiai a lungo per mettere a nudo la natica mentre lui seguiva serenamente l'operazione e a un certo punto si mise anche a ridere. Allora gli tirai su le braghe e me ne andai. Quel bersaglio mancato mi inibì anche negli anni successivi, anche se continuai a credere, concettualmente, nel potere taumaturgico della sculacciata. È sempre esistita e sempre esisterà, finché i padri avranno mani e i figli, culi.

Ovviamente tramontato il castigo «a letto senza cena». La matrice di questa punizione era tragica, nasceva da secoli di indigenza. I nostri genitori si assumevano — immagino straziati — il ruolo di affamatori, convinti dell'efficacia insostituibile di questa privazione. Oggi — dopo una giornata di schiacciatine, popcorn, pizzette, chipster, nutelle, snack, merendine, patate fritte stradali, gelati, briochine e budì — l'ingiunzione sarebbe accolta da un grazie e da un ruttino.

Questo tipo di castigo oggi si è ribaltato, perché spesso è la madre a sentirsi castigata se il pargolo è inappetente: se non mangi almeno tre cucchiaiate, domani non vai a pallanuoto, a pallamano, a judò, a baseball. Incauti patteggiamenti che si configurano immediatamente come boomerang micidiali: l'indomani, chi lo tiene in casa il punito, insopportabile per tutto il giorno?

Sui bambini molto buoni sembra che abbia ancora effetto lo spregevole ricatto morale: mi hai dato un dispiacere e non vengo a darti la buonanotte. Ma è una mossa azzardata: se il bambino se ne frega, voragini di delusione si spalancano in chi faceva assegnamento sulle proprie facoltà carismatiche.

Tralasciando il patetico carbone per la Befana, un deterrente molto usato ai miei tempi era: ti mando in collegio. Oggi i bambini sanno che lo stipendio del padre non basterebbe per due mesi di retta.

È certo che se l'educazione fosse un corso giornaliero della durata di poche ore, si potrebbe tentare la formula perfetta. Disgraziatamente si è educatori a tempo pieno e senza settimana corta. Anzi, proprio nel weekend i piccoli — catechizzati a non dire quelle parole lì — ascoltano perplessi il nostro turpiloquio autostradale.

Sulla filosofia del castigo ho letto gaie corbellerie: che non si concilia con gli ideali della non violenza, che la paura è sentimento negativo, ecc. ecc. Credo che il castigo rappresenti per un bambino l'anticipazione del codice penale. Quanto alla paura, sarà un sentimento negativo ma contribuisce alla sopravvivenza di una società. Se i Tir vanno spesso come gli pare è perché non hanno paura di niente e nessuno. E non ha paura neanche chi frega miliardi di tasse.

Credo, per finire, che genitori e figli si educhino a vicenda. Quando un padre ha imparato, ormai non gli serve più, perché suo figlio gli ha già scodellato un nipote.

NUOVE FRONTIERE

L'INTERRUTTORE. Ci sono giovani che, in attesa di essere occupati «in» qualcosa, si occupano «di» qualcosa (quasi sempre stampa, pubblicità, informatica, audiovisivi): frequentano, contattano, propongono, rimediano qualche introito. Sono i «disoccupati avanzati» di cui ha teorizzato il sociologo Domenico De Masi.

Poi ci sono le vere e proprie professioni emergenti, fra cui le mitiche pubbliche relazioni. È uno di quei mestieri che stregano chi ne sta fuori (anche del giornalista si dice: piuttosto che lavorare. Quando poi ci si capita dentro a questi mestieri di sogno, si scopre che ci si sveglia di notte per un'idea che non viene o per un'altra che purtroppo è venuta e sarebbe stato meglio di no).

Professioni nuove ne nascono ogni giorno e i giornali più attenti vi dedicano ampi servizi: tuttavia non ho ancora sentito parlare di un mestiere che è nell'aria: il soccorso mondano.

Quando siamo invitati a un pranzo ufficiale, conosciamo bene l'inconveniente che incombe. Se si mangia seduti a tavola la sorte è segnata, legata cioè ai commensali di fianco e di fronte con cui conversare. Se l'incontro non è stimolante, non si può chiedere scusa e cambiar seggiola. Se invece si tratta di un party o di un abominevole pranzo in piedi, si può circolare (con piatto, bicchiere, posate e grissini abilmente distribuiti fra le dita) e si può avvicinare gente diversa, scegliendo la conversazione a propria misura. Ma il problema che si pone in questi casi è un altro. Si può incontrare subito la persona giusta e passare con lei anche l'intera serata, scambiando idee ed emozioni.

Ma se si incoccia nella persona sbagliata, dopo cinque minuti non si sa più cosa dire e comincia l'assillo di come sganciarsi civilmente e passare a un altro ospite. Non si può interrompere l'interlocutore guardando l'orologio e dicendo: mi spiace, ma il tempo a sua disposizione purtroppo è scaduto. Non si può neppure dire, mi scusi vado a prendere un bignè, perché l'altro può esclamare: idea eccellente, l'accompagno.

A volte mi è capitato di bluffare, dicendo forte a un nessuno lontano: «Un attimo e ti raggiungo» scusandomi per un congedo momentaneo-definitivo.

Insomma quello del break, in una serata di conversazioni, resta un problema, un disagio, in certi casi un incubo. Ecco così delinearsi la professione nuova: l'interruttore mondano. Si aggira discreto fra gli ospiti, coglie al volo le situazioni, arriva in soccorso di chi appare in difficoltà, lo prende a braccetto scusandosi con l'altro («Me lo cede per qualche minuto?»), rilancia il gioco degli incontri, lubrifica il ricevimento.

Il giovanotto deve possedere ovviamente cultura per inserirsi in ogni situazione, classe nell'interromperla e soprattutto intuito per non rischiare di portar via un signore che sta intortando una signora.

Date per scontate queste qualità, la professione mi sembra promettente: fra incontri mondani e d'affari l'industria delle parole è attualmente quella che tira di più. Così come affittano cuoco e camerieri in guanti bianchi, i padroni di casa che ricevono potrebbero affittare l'interruttore di dialogo stanco.

Tariffa da convenirsi, in ogni caso non inferiore a quella delle baby-sitter.

DRACULA. Quando c'è una clamorosa vincita al Totocalcio e si scatena la caccia al misterioso miliardario e si leggono sui giornali o si seguono per televisione le illazioni e le congetture dei cronisti, m'accorgo che un nuovo personaggio si sta delineando: il falso vincitore. Nega di esser lui, ma cade in qualche contraddizione, è reticente su alcuni particolari, insomma alimenta sapientemente il sospetto.

Ricordo un caso di parecchi anni fa, forse il primo della serie dei vincitori fasulli: un anonimo a Bologna aveva vinto quasi mezzo miliardo e le piste seguite da giornalisti e fotoreporter avevano condotto a un giovanotto soprannominato «Dracula». La sua foto su tutti i quotidiani nel giro di ventiquattr'ore l'aveva reso famoso in tutt'Italia. Per una settimana Dracula recitò da grande attore la sua parte: si schermiva, negava decisamente, poi si lasciava andare qualche ammissione, sfoderava sorrisi ambigui, pregava di lasciarlo in pace, ma non negava interviste agli inviati del rotocalco o del telegiornale. Disgraziatamente per lui, saltò fuori, appunto dopo una settimana, il vincitore vero e Dracula finì nel ridicolo.

Ma il suo disegno era lucido. Certamente Dracula conosceva quel famoso film — tratto da un racconto di Mark Twain — in cui due miliardari fanno una scommessa: uno di loro sostiene che regalando una banconota da un milione di sterline a un povero diavolo, questi la restituirà dopo un mese perché si sarà fatto una fortuna senza riuscire a spenderla. E infatti il brav'uomo tenta inutilmente di cambiare la strepitosa banconota: nessuno ha il resto da dargli, ma tutti se lo contendono come cliente a credito. Il poveraccio comincia così col farsi un doppiopetto, poi un frac, poi una cadillac, poi uno yacht e così conquista un ambiente sociale, s'inserisce in un giro d'affari per cui, dopo un mese, può restituire quel rettangolo filigranato che ormai non serve più.

Dracula aveva lucidamente ipotizzato che anche una presunta vincita al totocalcio avrebbe potuto funzionare come la favolosa banconota di Mark Twain. Aveva cominciato la parte brillantemente, ma poi l'autentico arcimilionario gli aveva rotto le uova nel paniere.

Quanti, più fortunati di lui — mi chiedo —, si son fatti una posizione all'ombra dei veri miliardari della domenica che restano clandestini per il fisco e per gli amici?

Certo il gioco non è proprio facile e dev'esser condotto con una certa abilità: cadere ogni tanto in incongruenze ben studiate, osservare certi piccoli accorgimenti, come lasciare sbadatamente un accendino di gran marca sul tavolo del bar dove sono seduti gli amici, consultare in pubblico distrattamente un dépliant delle grandi crociere, disfarsi della vecchia auto acquistandone un'altra a rate: «Guardalo il furbastro: si piglia la Regata per non dar nell'occhio».

L'inizio richiede qualche sacrificio economico, ma dopo un po' si vedono i risultati. Offerte di grosse rappresentanze («Lei capisce, abbiamo bisogno di un personaggio, non di un semplice produttore»). Eleganti circonlocuzioni di direttori di banca («Non vorremmo interferire nei suoi programmi, ma insomma sappia che i nostri sportelli sono pronti a ricevere ma anche a dare»). E si farà viva per telefono anche quella giumenta bionda che quella sera in discoteca sembrava la regina Taitù. Ci saranno anche i seccatori, si capisce, ma si potranno liquidare in fretta, avete sbagliato uscio, cosa ci vuole per convincervi che non sono io?

Mentre gli autentici miliardari sono preda alle loro angosce di lupi braccati (e anche alle loro miserie di pover'uomini che rinunciano a regalare il vespino al figlio perché i compagni potrebbero insospettirsi), centinaia di intraprendenti individui che non hanno mai beccato neanche un dodici, amministrano sapientemente il loro ruolo di miliardari sospetti. Tanto, se va male, possono fulmineamente trasformarsi in millantatori pentiti.

SI RICORDA DI ME? Mi sembra che sia una norma di educazione trascurata dai manuali del bon ton. Se è chiaro che — quando non si conosce una persona — ci si presenta o ci si fa presentare, non è altrettanto accettato che — trascorso un po' di tempo e ritrovandosi con la stessa persona — sarebbe corretto non crearle imbarazzo («Vediamo un po' se si ricorda di me e del mio nome») e metterla invece a suo agio, aiutandola con brevissimi cenni («Sono Mario Rossi, rammenta? Ci siamo incontrati sul Milano-Roma»).

Anni fa, quando i contorni della nostra vita erano più raccolti, era anche più facile memorizzare volti, nomi, situazioni. Oggi fra aerei, treni, autostrade, viaggi di lavoro, congressi, weekend, avviciniamo migliaia di persone, il nostro cervello non è un personal Olivetti: merita un minimo di comprensione. Anche nella corrispondenza, dovrebbe valere lo stesso principio. Ma accade di raro. Faccio un esempio. Mi scrive un lettore, espone un punto di vista, chiede cosa ne penso. È molto piacevole tenere rapporti con i lettori e quindi mi concentro sul caso, rispondo, imbuco.

Dopo un mese il lettore mi invia una seconda missiva. E io dovrei essere in grado di far subito mente locale a frasi di questo tipo: «Grazie delle sue risposte, ma ho qualche dubbio sull'ultima: vorrebbe cortesemente chiarirmela?». E qual era mai stato fantasma di ultima risposta, fra cento altre che nel frattempo ho inviato ad altri interlocutori?

Come sublime esempio di galateo epistolare cito quello di Antonio Guerci, un vecchio amico milanese. Mi ha scritto, gli ho risposto, si è fatto vivo di nuovo, rinviandomi la mia lettera con queste parole: «Secondo una mia inveterata abitudine ti rispondo sul tuo stesso foglio (di cui conservo fotocopia) così non ti obbligo a far salti mortali per ricordarti cosa mi avevi scritto».

TACITIANA. Leggo in una statistica che in Europa deteniamo il record di durata nelle singole comunicazioni telefoniche: francesi, tedeschi e inglesi sono molto più concisi di noi. La realtà è che noi non abbiamo più cose da dirci, ma ci dilunghiamo di più per dirci una singola cosa.

Me ne accorgo quando, accanto a una cabina telefonica, aspetto il mio turno facendo tintinnare i gettoni in modo provocatorio. Anche se non è educato, ascolto quello che dice la persona che mi ha preceduto: cerco di cogliere le avvisaglie del congedo.

Il telefonatore, per esempio, sta concludendo: «Comunque, come ti dicevo, di quel programma non se ne fa niente perché il chirurgo ha anticipato il piccolo intervento che deve fare a mia moglie e l'ha anticipato perché deve partire per New York dove c'è un congresso. Alla prossima occasione. Ciao, salutami tutti».

Il telefonatore resta un po' in ascolto, poi dice: «Sì, però il congresso a New York mica lo possono spostare e così mia moglie deve farsi operare prima». Nuovo ascolto in silenzio. Quindi: «D'accordo, dev'essere un viaggio favoloso, peccato che non possiamo venire: c'è il contrattempo di questo interventino, sai, il chirurgo deve andare negli Stati Uniti».

A questo punto sono sempre tentato di strappare fremendo la cornetta e di ululare: «Si vuol mettere in testa che questo qui ha una moglie che deve farsi operare e quindi deve rinunciare al vostro fottutissimo programma? Passo e chiudo».

Anche quando ricevo telefonate a casa, spesso sono monologhi dell'altro che insiste a ribadirmi il concetto che ho capito perfettamente la prima volta e continuo a ripetere: certo, certo.

Per sveltire un po' i tempi telefonici ho scoperto un sistema incantevole. Chiamo per esempio il mio amico Pier Boselli, mi imbatto nella sua segreteria telefonica che mi invita, dopo il segnale acustico, ecc. Lascio un breve messaggio in cui espongo il problema. Esco di casa e quando rientro ascolto il nastro della mia segreteria automatica, fra le altre c'è la voce di Pier che dice: «Si può fare». Lo richiamo, c'è sempre il muro della sua segreteria e lascio inciso: «Sono contento: però hai tenuto conto delle obiezioni di Michele?». Vado a dormire, la mattina ascolto il nastro e c'è la voce di Pier che dice: «Sì».

I dialoghi via nastro sono tacitiani: un registratore incute soggezione, ci si abitua a parlare con chiarezza e concisione, non ci si sogna di ribadire quello che si è appena detto. Personalmente do anche la punteggiatura, esempio: vorrei chiederti alcune cose, due punti, primo, ecc. Inoltre, quando si dialoga attraverso i nastri, c'è tutto il tempo di meditare la risposta, così come a scacchi si ponza sulla contromossa.

Certo, la segreteria automatica ideale sarebbe quella che, dopo aver registrato un messaggio, risponde subito: Ok. Oppure: ma mi faccia il piacere, non se ne parla neanche.

PERSONALIZZAZIONE. I precursori di questa moda sono gli inglesi: pagando un occhio si può ottenere la targa dell'auto con le proprie iniziali.

Noi non ci possiamo ancora permettere questa sciccheria e ci accontentiamo delle iniziali ricamate sulla camicia; però la personalizzazione si fa strada. Per esempio si diffondono gli omaggi di bottiglie di vino con l'etichetta che specifica: imbottigliato per (e segue il nostro nome e cognome).

Alcune cravatte e foulard (forse per giusta reazione all'alluvione delle sigle di stilisti ai quali facciamo pubblicità, dopo averli strapagati) ci vengono regalati finalmente con le nostre, di iniziali.

Ma è la personalizzazione delle agende quella che ci lusinga di più. Una volta a Capodanno ci arrivavano in dono agende belle o brutte, sontuose o miserabili, ma anonime. Qualche anno fa fecero capolino le prime agende personalizzate: in un angolo della copertina, elegantemente sovrimpresse, le nostre iniziali. L'anno scorso ho provato la prima vera emozione: un 1986 campeggiava in cifre dorate nella rilegatura e, sotto: di Luca Goldoni.

Quest'anno la personalizzazione mi ha dato un brivido d'inquietudine: oltre al mio nome e cognome in copertina, c'è la prima pagina, quella riservata alla scheda personale, parzialmente compilata: il mio indirizzo col Cap, il mio codice fiscale e la partita Iva (dati certamente desunti dalle mie fatture alle aziende omaggianti).

Per l'anno prossimo mi aspetto agende ulteriormente personalizzate. Con gli appuntamenti già fissati.

L'AMANUENSE. Sfoglio una rivista e mi sorprendo nel trovarci la rubrica di grafologia, poi mi sorprendo di sorprendermi. Una volta questa scienza, che pretende di spiegare la personalità e il futuro di un individuo da un «saluti e baci» scarabocchiato dietro una cartolina, era molto diffusa.

Lo stile dei responsi (o dovrei dire delle recensioni?) era ambiguo quel tanto da permettere all'interessato di ritrovarcisi a ogni costo: le «enne» aguzze dimostrano sicurezza e predisposizione al successo, ma la sbarra bassa delle «ti» è chiaramente segno di pigrizia e introversione.

Adesso è tutto finito; restano solo gli oroscopi che si trovano anche sulle pagine della «Gazzetta Ufficiale» e nelle vetrine dei negozi di elettrodomestici sotto forma di minicomputer. Una ragione c'è: basta guardare come scrivono oggi i bambini: tutte uguali, vocali e consonanti, tutte rotonde, tutte della stessa altezza, oppure uno stampatello che una volta si usava solo nelle lettere anonime, panciuto anche quello (chissà che le vitamine e gli omogeneizzati non agiscano anche sulla grafia).

Tento un'ipotesi: i bambini adesso imparano, fin dal primo giorno di scuola, a *disegnare* le parole, non a *scriverle*. Ricordo mio figlio quando ricopiava la parola che aveva scritto sulla prima pagina del libro: una gigantesca «ape». Continuò a *disegnarla* per decine di volte, non sapeva bene cosa stava scrivendo (tant'è che asseriva di scrivere «vespa»), però a furia di disegnare la A, la P e la E, ottenne un risultato decente.

Agli scolari di oggi manca quel lavoro di sintesi che è il mettere insieme, «assemblare», tanti elementi appresi separatamente, per esempio le aste, gli occhielli, gli uncini, ecc. (di cui noi riempivamo pagine e pagine con la lingua fuori). E di conseguenza perdono la prima occasione di impronta personale. Per l'abitudine di copiare ci sono ragazzi espertissimi nell'imitare i caratteri che escono dalla bocca di Topolino o di Charlie Brown, tanto che li adottano come mezzi di comunicazione individuale.

Del resto, avevo notato già da tempo la standardizzazione della grafia presso gli americani. Nei film, quando si vede un biglietto, una lettera o il cartello «For sale», sembra che a scrivere sia sempre la stessa mano, anzi la stessa stampatrice.

Ci arriveremo anche noi. Tra qualche anno riusciremo a leggere correttamente anche le ricette del medico; sarà un piccolo progresso in più, un segno di personalità in meno.

Ogni tanto ricevo buste con l'indirizzo scritto a mano, grafia curata, quasi sontuosa. È il nuovo stile con cui gli addetti alle p.r. personalizzano un invito a una conferenza, a un pranzo, a un dibattito: la scrittura a macchina svilisce certe occasioni, e poi si butta la busta senza aprirla.

Sembra però che sia difficile trovare sul mercato qualcuno in grado di pilotare elegantemente una stilografica. Ecco perché ai ragazzi che mi scrivono per avere idee sul loro futuro dico: intanto esercitatevi in calligrafia.

Negli annunci economici ho già visto fra tanti «stenodattilografo offresi», un «amanuense cercasi».

CALORIE. Anche quest'anno i rotocalchi per signora son tornati alla carica decretando il tramonto dell'abbronzatura per la femmina di lusso. I Faraoni erano cotti di sole soltanto perché dovevano far la guerra o sorvegliare i lavori alle piramidi, ma le principesse consorti erano pallide, diafane: un segno di distinzione dalle plebee che dovevano tirare le carriole.

Idem nell'Ottocento: quelli con la pelle scura erano

i contadini, i signori vivevano all'ombra, usavano l'ombrello più d'estate che d'inverno: il sole era sconveniente come i calli alle mani.

Oggi, dopo decenni di abbronzatura interclassista, si tenta di rilanciare la bianca epidermide alto-borghese. Quanto meno d'estate, quando le plebi vanno a cuocersi a Viserba o all'Idroscalo. Bene invece, d'inverno, l'abbronzatura carica quando le masse non possono permettersi di andare ai Caraibi o a Saint-Moritz.

Però ho battuto le spiagge del Nord, del Sud e delle Isole e ho incontrato solo signore cotte alla griglia. Solo una contessa ostentava un pallido incarnato da Rembrandt: ma era reduce da un'operazione per calcolosi renale.

Quali sono le ragioni di questo ammutinamento al diktat degli stilisti?

Mi sembrano elementari: per le principesse egizie o le dame dell'Ottocento evitare il sole non comportava particolari rinunce: non c'erano i cabinati a vela e motore, non c'era lo sci d'acqua, non c'erano le piscine con intorno il prato all'inglese e il carrello degli aperitivi, non c'erano soprattutto le opportunità di mostrarsi in pubblico quasi nude: quand'è che dovrebbe mettersi in tanga una bella donna, alla prima del *Trovatore*?

Ignoro quali interessi commerciali si possano nascondere dietro questo tentativo di abrogare l'abbronzatura (un viso cereo certamente ha bisogno di più trucco, di più cosmetici). È certo che le argomentazioni addotte a sostegno del pallore di casta sono apparse risibili. Il prezzo da pagare per la differenziazione sociale è sproporzionato: praticamente un'estate di clausura.

Ci sarebbe un unico modo per convincere le donne a non abbronzarsi più: riuscire a dimostrare che un'ora di sole equivale a tremila calorie.

NONNI ADOTTIVI. «Giovani papà e mamma, orfani di entrambi i genitori, cercano quattro nonni per il loro figlioletto.» Butto l'occhio sull'insolito annuncio e mi vien subito da pensare che non l'avrebbero dovuto pubblicare nella colonna degli «economici» ma dei «commoventi» o «gentili» o «edificanti».

A prima vista trovo deliziosa questa preoccupazione di non lasciare un bambino senza la favola dei nonni. Poi rifletto più realisticamente su che cosa rappresenta oggi un nonno, ma soprattutto una nonna, per una giovane coppia con prole. Un rassicurante parcheggio quando i due partono per il weekend, o per una vacanza con tenda e sacco a pelo, o semplicemente non vogliono rinunciare alle cene con gli amici, ai concerti rock e a tutte le altre abitudini che avevano prima che arrivasse il pargolo.

E allora concludo che il vero annuncio avrebbe dovuto essere questo: «Giovani papà e mamma orfani cercano due coppie di anziani baby-sitter disposti ad assistere gratuitamente un bambino dal quale, in cambio, farsi chiamare nonni».

IL CASCO. L'obbligo del casco ha introdotto curiosi effetti secondari. Eravamo abituati a vederlo come completamento di un look un po' epico: centauri con tute, stivali e guanti alla moschettiera. Ora sui lungomari si incontrano adolescenti in motorino, zoccoli, torso nudo o canottiera: il casco ingigantisce su quelle silhouettes come un testone carnevalesco o l'enorme cranio degli extraterrestri.

Scompare col casco obbligatorio il personaggio del «cucador»: faceva il défilé in vespa offrendo in visione mascelle e occhiate di rapina, frenando a colpo sicuro accanto alla ragazza già sedotta a vista. La mascella del casco integrale è uguale per tutti e così gli sguardi attraverso la feritoia dell'elmo.

Sparisce la seduzione istantanea. Bisogna sistemare lo scooter sul cavalletto, slacciarsi la fibbia, mettere in mostra la merce.

FOTOCOPIE. La signora in spiaggia spiega che quel bellissimo anello è soltanto una copia di quello che tiene in cassetta di sicurezza. Poi apre la borsetta e mostra un pacchettino di fogli sgualciti: la fotocopia della patente. Se la perde o gliela rubano, c'è sempre il documento autentico in casa. Dice che ha fatto così anche con la carta di identità, il passaporto e le ricevute dei fondi di investimento.

Le brillano gli occhi mentre illustra il suo stratagemma antifurto. Si capisce che il suo sogno sarebbe quello di guidare una fotocopia di Lancia Thema, di portare al polso una fotocopia di Rolex, di abitare in una fotocopia di casa, di vivere con una fotocopia di marito. Se scappa con una diciottenne, le resta sempre l'originale.

LA BIRO. Sono in coda a una biglietteria d'aeroporto, si fa un passo avanti ogni cinque minuti e anche più. Il tempo necessario a quella ciclopica impresa che è la compilazione computerizzata di un ticket. Ogni volta l'impiegato comincia a solfeggiare sulla tastiera e quindi aspetta, fissando il video con sguardo spento. Riprende a digitare e aspetta di nuovo. Quindi ritenta e fa una faccia contrariata. È difficile stabilire se è il computer che non capisce o se è l'operatore che non si spiega. Il dialogo tra sordi prosegue. Noi siamo al di qua del maledettissimo televisore, non siamo in grado di seguire la silenziosa tragedia che si consuma sullo schermo. Forse il computer si impunta nel suo gergo: «Richiesta impossibile», oppure «Comando errato: rieseguire». O forse ha anche imparato un *software* da scaricatore.

È arcinota la prima definizione del computer: un cretino ad altissima velocità. È possibile che, a volte, si trovi di fronte un cretino a velocità normale. O, quanto meno, è ipotizzabile che in questi ultimi anni il cervello elettronico abbia fatto più strada del cervello degli impiegati che lo devono gestire.

Ogni tanto, come tutti sanno, in banca o all'aeroporto o alle casse dei supermarket, il computer si blocca: encefalogramma piatto. E allora è la paralisi. È semplicemente pazzesco, perché generalmente la tecnologia più è sofisticata e più si premunisce con soluzioni di riserva. I comandi di un jumbo hanno due o tre circuiti d'emergenza. In macchina, se saltano i freni idraulici, c'è quello a mano. In barca c'è una dotazione che si chiama «di rispetto». In casa, se manca la luce, ci sono le candele. Se l'ascensore va in avaria, ti calano al piano con manovra manuale e poi ci sono le scale.

Col computer niente. Se va in tilt, l'operatore allo sportello aspetta tamburellando con le dita e fissando gli occhi nel vuoto come un indù. E tutti ci domandiamo perché non si organizzano squadre di salvataggio formate da superspecialisti lungamente addestrati ai fogli quadrettati, alla carta carbone e alla tavola pitagorica.

Perché insomma col cervello elettronico non c'è salvezza? Eppure, da una quantità di avvisaglie io ricavo l'impressione che dopo l'èra del computer siamo ormai maturi per quella della biro.

DIARIO ELETTORALE

La prima cosa che colpisce Alice nel Paese dei congressi è l'ora di apertura dell'assise socialista: le cinque del pomeriggio. Invidio i giornalisti sportivi, la partita comincia alle tre, alle cinque han già finito tutto, comprese le dichiarazioni di Agnelli e Berlusconi e le interviste negli spogliatoi. Mi vengono in mente i servizi che facevo dall'America: avrei avuto tutto il pomeriggio per scrivere, ma a Milano era già notte e il giornale doveva chiudere. Perché, anche qui a Rimini, il maledetto fuso orario che scardina coronarie e fegato ai cronisti? Perché questa antica barbarie romana per cui la giornata politica comincia quando dovrebbe finire?

I perché sono elementari. Perché nella prima giornata deve svettare solo il protagonista e dopo deve restare spazio soltanto per felicitazioni, pranzo e brindisi. E possibilmente perché il gran finale coincida con i telegiornali della sera che fanno il collegamento, così ultime battute e ovazione vanno in diretta, magari via satellite, se Russia e America aspettano col fiato sospeso.

Questo primo semigiorno congressuale mi ricorda un po' le «settimane» dei viaggi organizzati in cui il primo giorno comincia un quarto a mezzanotte, ora d'imbarco.

Ieri mi sono regolarmente accreditato. In quarantacinque secondi mi hanno scattato la foto a colori, l'hanno sviluppata, ritagliata, applicata sulla tessera, plastificando il tutto nell'apposito forno. Avrei volentieri approfittato per chiedere il rinnovo del passaporto e il duplicato della patente ridotta a un reperto.

Ma sciaguratamente questo genere di operazioni spettano alla burocrazia non congressuale che opera in termini di semestri.

Solo l'organizzazione di un congresso, in Italia, scatena prodigi di efficienza pubblica. In quest'orgia di monitor che informano su tutto in tempo reale, trovo anche quello che mi dice se il ristorante dove vorrei prenotare è già completo, o se c'è ancora un tavolo da due, e quante porzioni di fritto misto sono scampate all'arrembaggio.

In pochi giorni, spesso in poche ore, è stato allestito l'intero pianeta del garofano, compreso il Partenone per il discorso di Craxi. Un vertiginoso cantiere — fra la Nasa e la Caienna — dove lavoravano come dannati perfino quelli venuti su da Roma. Potenza del congresso, sono saltati fuori a tempo di record addirittura i parcheggi pubblici per le auto (e l'opinione pubblica ha diritto di chiedersi perché non si organizzino assise di partito anche nei centri storici di Milano, Roma, Bologna, ecc.).

Mi spiega uno dei registi della manifestazione: sono responsabile del mio settore, se sbaglio pago, per questo decido io e prego chiunque di togliersi dai piedi.

È vagamente inverecondo che i partiti ricorrano alla logica della professionalità soltanto in occasione delle loro autocelebrazioni. Perché non affidano anche le Usl agli specialisti che gli scodellano congressi e se sbagliano pagano?

A Rimini non ricordano impegni organizzativi di questa mole. O meglio, una sola volta, un paio d'anni fa, quando per un convegno dell'Imco (venditori di pentole porta a porta) in questo padiglione riuscirono a mettere a tavola ottomila delegati. Vennero serviti ottomila piatti di strozzapreti al pomodoro, tutti mirabilmente allo stesso punto di cottura. Al ricordo di questa performance gli organizzatori giustamente si estasiano. Un cronista interviene: però avete ecceduto in prudenza, avete avvitato il posacenere giù in platea e avete imbullonato i contenitori atermici per le bottiglie di minerale persino sul tavolo della presidenza.

Domando: ai convegni dei venditori di pentole? No, adesso per il congresso socialista.

Ma allora, perché si lamentano se girano le barzellette?

Mentre Craxi parla, moltiplicato da batterie di monitor, cammino per i padiglioni espositivi. Uno è dedicato all'apoteosi fotografica del quadriennio presidenziale. Si ammira Craxi col Papa, con Reagan, con Gorbaciov. Craxi che assaggia il rancio, Craxi sull'incrociatore, Craxi che scende nella miniera. Non c'è Craxi sulla trebbiatrice. Questa è una battuta facile. Noto però un'assenza più grave: Craxi visto da Forattini. Eppure, anche questo dovrebbe far parte dell'iconografia.

Churchill e Roosevelt si pavoneggiavano anche con la ferocia dei caricaturisti. È la suprema civetteria dei grandi alla quale Craxi non è ancora approdato.

Squilla il telefono mentre siamo a tavola. Una voce serafica, del tutto estranea al sospetto di fare scempio di spaghetti al dente, dice: «Ciao, sono Michele, chiamo da Modena, è un secolo che non ci vediamo, che vergogna, ma dimmi piuttosto come va».

Dico come va e intanto scrivo su un foglietto: «È un Michele di Modena, chi può essere?».

Mia moglie legge, alza le spalle, è contrariata, vorrebbe che staccassi il telefono almeno quando si mangia.

La voce prosegue, si informa, a volte affettuosa a volte deferente e, avviandosi al congedo, si dice lieta di aver avuto mie notizie almeno via filo. Quando sto per ringraziare e chiudere, la voce ha come un sussulto:

«A proposito, sai che mi sono candidato? Conosci le mie idee, la mia insofferenza per la politica attiva, ma hanno insistito, non ho potuto dir di no. Ho voluto informarti. Vedi tu.»

È il sommerso della campagna elettorale: gente persa di vista che si rifà viva con affabili circonlocuzioni e al commiato comunica incidentalmente la candidatura.

La formula è onerosa (non meno di diecimila lire in teleselezione per elettore), di efficacia opinabile (il piacere di sentirsi ricordati è brutalizzato dal finale), una formula rozza che però s'inquadra nella generale filosofia elettorale: è infatti solo in questa circostanza che i partiti premurosi si ricordano di noi.

Stavolta l'hanno fatto scegliendo le più sofisticate tecniche di propaganda. Anni di spot televisivi hanno insegnato anche a loro che oggi non si compra più un modello d'auto, ma il carosello che la lancia. Chi sfoggia la macchina nuova sa che tutti la riconoscono: quella che corre sotto il deserto rivelata da una velocissima onda di sabbia, quella che attraversa il mare mentre le acque davanti al cofano si ritirano come il mar Rosso, quella che salta dal cassone del camion senza freni e va a piazzarglisi davanti arrestandolo, quella che accorre sotto l'aereo in atterraggio d'emergenza, così i tecnici sbloccano il carrello.

I partiti si sono accorti insomma che oggi si vende emozione, suggestione e quindi si sono affidati agli stessi maghi della comunicazione perché gli ringiovaniscano il look e hanno addirittura liquidato i vecchi inni, rivolgendosi al re della colonna sonora Morricone (Dc), interpellando Lucio Dalla (Psi).

Ma i partiti non hanno calcolato un dettaglio: che ogni spot spettacolare serve a lanciare un «nuovo» modello d'auto, mentre nella pubblicità elettorale di nuovo c'è solo l'immagine, il prodotto, cioè il partito è stravecchio. Sarebbe come se la protagonista dello spot sensazionale fosse una Balilla a tre marce.

Questi partiti senili che stilisti, grafici e copywriter si sforzano di vestire da teenager, una strada ce l'avrebbero per conquistarci sbalordendoci.

Ecco un esempio: mentre stiamo cenando un leader dc (scelgo a caso) si affaccia al video dalla sua tribuna autogestita e comunica: «Il mio partito ha deciso di rinunciare a cento presidenze di banche se il Psi è disposto a fare altrettanto. Proponiamo inoltre agli altri partiti un ritiro dalla Rai di un numero da convenirsi di consiglieri d'amministrazione, direttori e vicedirettori. Idem per la Biennale di Venezia».

Il disarmo bilanciato del potere: ecco una trovata elettorale di effetto dirompente. La vendo, anzi la regalo. E regalo pure lo slogan della campagna: «Presidenze: opzione zero».

Queste sarebbero le vere novità dal fronte dei partiti. Il resto è solo lifting di circostanza, un po' grottesco. Come se un coreografo convincesse Paola Borboni a rilanciarsi con uno strip.

Nucleare, chi era costui? Eppure, se la memoria non mi tradisce, il governo è saltato e le alleanze si sono disintegrate anche per il referendum sul nucleare. La gente s'aspettava che fosse un tema di fondo di questo scontro pre elezioni.

Considerato che non si può liquidare l'argomento con le massime di Catalano, quello della notte («È meglio vivere ricchi felici, senza nucleare, che vivere morti col nucleare»), forse era il caso di parlarne un po', di affrontare il caso anomalo di questa nostra società che non vuol più macinare a mano neppure il caffè, ma non accetta di pagare il prezzo di tutta l'energia che consuma e non solo rifiuta le centrali nucleari, ma anche quelle a carbone perché inquinano e offendono il paesaggio.

La domanda che tanti si pongono è questa: c'è nel nostro futuro una via intermedia fra il paesaggio di Chernobyl e un paesaggio di Corot con i ruscelli, le pecore e i pastori? Si può tranquillamente saltare l'èra del nucleare «sporco» (in attesa dei reattori puliti a fusione) perché basta il petrolio, bastano i pannelli solari, bastano le centrali a vento, basta l'energia delle maree? Oppure: no, questa rinuncia ha un prezzo in termini di recessione, di disoccupazione, di progressivo distacco dall'economia occidentale?

Questi temi, non propriamente marginali, ci avrebbero inchiodato ai nostri divani televisivi: in definitiva il futuro energetico non è una schedina che si può liquidare con un 1 X 2.

Ma i dossier con i dati, le documentazioni, le ipotesi ragionate non seducono quel dilettante che è il politico italiano. Lo ha riconosciuto in una intervista Gianni De Michelis: «Ricordo, nel 1980, un episodio agghiacciante: affrontavamo una delegazione tedesca costituita da un solo ministro, un collaboratore e una pila di fascicoli. Noi eravamo in tre: Antonio Bisaglia, Enrico Manca e io, dietro di noi sedevano su tre file una decina di collaboratori. Il tedesco spulciava i dossier uno ad uno, sollevava un punto preciso dopo l'altro e ci rivolgeva domande implacabili. Nessuno di noi tre ministri sapeva rispondere e allora ci volgevamo indietro alla prima fila di collaboratori, che però non ne sapevano niente neppure loro e si giravano verso la seconda fila e così via. Il tedesco ci fece a pezzi, e dire che si parlava d'acciaio, mica di quisquilie».

Ogni tanto qualche giornalista ci prova a fare una domanda sulle cose e non sulla quadriglia degli schieramenti, eccone una a un rappresentante della lista Verde: ci sono regioni in Alta Italia che in un raggio di 200 o 300 chilometri collezionano decine di centrali nucleari svizzere e francesi: che vantaggio trarranno da uno stop solo italiano? E inoltre: voi siete contro il nucleare, contro lo smog, contro il rumore, contro la motorizzazione privata: vorrebbe delinearci il tipo di società che dovrebbe scaturire da questa lavanda gastrica?

Il Verde è un fisico, abituato ai dossier, comincia col ricordare che sul finire degli anni Cinquanta l'Italia era il terzo Paese nel mondo come potenza nucleare installata. Allora si poteva parlare di scelta intelligente che avrebbe potuto dare al nostro Paese autonomia tecnologica ed energetica. Poi, assassinato Mattei che era l'ideatore di questa strategia, incarcerato Ippolito, fu bloccato tutto. È abbastanza grottesco riscoprire l'indispensabilità di questa energia proprio oggi che cominciano a dubitarne gli stessi Stati Uniti, ma soprattutto oggi che l'Italia è diventata il quarto Paese industrializzato senza nucleare; o meglio, con un miserabile uno per cento. Sarebbe insensato fare oggi quello che abbiamo distrutto vent'anni fa.

Non tutti la pensano così, però la risposta va per le lunghe, il moderatore dà la palla a un altro giornalista. M'aspetto che il collega di turno incalzi, approfondisca il tema tutt'altro che concluso. E invece no: ha pronta la sua domandina findus, surgelata, «perché nella formazione delle liste anche i Verdi si sono messi a litigare come i partiti tradizionali?». Ma chi se ne frega.

Ecco una nuova occasione: è un tête-à-tête, di primo pomeriggio, un giornalista sta conversando con una candidata dp, bionda, niente male. L'intervistatore è soft, quasi galante, offre domandine lessate. La bionda risponde a tono, a un certo punto dice: ma questo non rientra nel nuovo modello di sviluppo per cui ci battiamo noi. Tutti si attendono che l'intervistatore chieda lumi su questo modello di sviluppo, dopo tutto non è una pentola a pressione. E invece il giornalista annuisce sorridendo e passa ad altro.

Il Nuovo Modello Di Sviluppo ogni tanto salta fuori nelle tribune politiche: suona bene, eleva il tono da rissa condominiale. Ma è sufficiente citarlo, senza scendere nel dettaglio, roba arcinota, tutti sappiamo come può essere questo sviluppo: liscio, gassato o ferrarelle.

Paolo Villaggio demoproletario. Mi ero giurato di glissare su di lui per tutta la campagna elettorale: quando le battute vengono facili, è buona norma lasciar perdere. Ma nel caso di Villaggio c'era qualche cosa di più che mi tratteneva. E primo fra tutto il fatto di essere un suo vecchio fan. È uno dei pochi comici che riescono a farmi ridere e, siccome non tutti la pensano come me, ho litigato per lui, sono arrivato a insolentire chi non condivideva che basta una battuta come quella sulla corazzata *Potëmkin* ad assicurare al suo autore la gratitudine della patria.

Una volta lo incontrai in Africa, lui stava girando *Pappa e ciccia*, un filmetto in cui la comicità era affidata a delle noci di cocco che gli cadevano in testa stendendolo: santamadonna, gli dissi, perché col tuo q.i. giri di questi film? Lui mi fece un discorso mesto e franco: perché ho un treno di vita che mi fa dannare per stargli dietro e in centinaia di cinematografi si divertono con questa roba qui.

Ero disposto a perdonare tutto a Paolo (del resto non avevamo perdonato anche Totò, mortificato da tante sceneggiature?), convinto che prima o poi si sarebbe deciso a darci qualcosa di memorabile.

Quando lessi la notizia che si era candidato nella lista di Capanna restai un po' lì. Lo riconosco, in certi campi sono un po' manicheo: per esempio mi mettono a disagio certi preti postmoderni che parlano di scopate.

Ma poi lessi le dichiarazioni che Villaggio rilasciò ai cronisti che facevano gli spiritosi. Erano parole serie, dure: perché a una certa età uno non può stufarsi di quello che ha fatto fino a quel momento e non può desiderare di cambiar marcia? Paolo Villaggio aveva vissuto un'esperienza angosciosa a causa di un figlio tossicodipendente, aveva sperimentato il vuoto dell'emarginazione, gli sguardi glaciali della gente per bene. E tutto ciò gli aveva lasciato una cicatrice. Perché non riconoscergli la ricerca di un'identità ideologica in un partito che dà una voce anche ai diversi?

Onorevole Paolo Villaggio, perché no? Anche in Parlamento un fulminante sarcasmo spesso rende più di un discorso. Cominciai a leggere le interviste che rilasciava: i cronisti si sentivano sempre in dovere di fare i brillanti e lui mi pareva un po' troppo soft: si lasciava irretire dal vecchio gioco invece di chiarire: ragazzi, fate uno sforzo, in questo momento non siamo sul set.

Ma ho già detto di aver un debole per lui: prima o poi, pensavo, sfodera anche la zampata politica. Mi sono rassegnato soltanto dopo l'ultima intervista: si parla del dilemma del secolo: Rai o Berlusconi?

A un certo punto il cronista fa una domanda sui programmi immediati, «sempre che le elezioni non ci consegnino un Villaggio deputato». Risposta: «È impossibile che io risulti eletto e se la cosa accadesse passerei subito il testimone a un altro candidato».

Liquidata la cosa — evidentemente troppo intuitiva per giustificare ulteriori delucidazioni — Villaggio riprende il filo e spiega che ciò che l'angoscia al momento è decidere «fra i soldi di Canale 5 e l'immagine più credibile della Rai».

Ho già detto che per certi versi sono manicheo. Anni fa il partito per cui voto mi propose una candidatura con buone probabilità. Rifiutai cortesemente spiegando che avevo scelto un mestiere secondo me incompatibile con la politica militante: un battitore libero deve restare politicamente scapolo.

Paolo Villaggio aveva fatto una scelta diversa, si era accasato motivando molto bene il suo impegno. Ora spiega che l'impegno è a mezzo servizio. Prendo atto anche di questo, a patto che sulla lista di Dp accanto al nome Villaggio Paolo ci sia un asterisco: «Candidato alle dimissioni: si declina ogni responsabilità in caso di elezione».

Pappa, ciccia e democrazia proletaria.

In casa abbiamo fuso il telecomando per dribblare le tribune autogestite, mentre nei cinematografi si fischiano gli spot elettorali: fischiettare, zufolare è facile, ma fischiare è difficilissimo, bisogna cacciarsi due dita in gola senza vomitare, eppure hanno imparato anche i vecchi signori.

Mi dispiace scrivere queste cose. Mi sembro un disfattista. Però la realtà è questa: il motore elettorale gira imballato, ma la frizione slitta.

Perché, invece di mobilitarci sul nulla, non hanno risolto tutto alla Orazi e Curiazi? Oppure: perché non ci fanno votare accendendo e spegnendo la luce? E se il più furbo in famiglia usa la lavatrice ci vuol poco a calcolare a quante lampade e a quanti frullatori corrisponde l'assorbimento di una centrifuga.

Atteggiamenti qualunquistici, per chi si sente impegnato. Impegnato in che cosa? Ma nel radicale cambiamento si capisce. Una statistica informa che nelle 647 Usl (le cui presidenze com'è noto sono state accaparrate da tutti i partiti compreso il Pci che ne ha 115) solo il 3,4 per cento dei consiglieri sono medici o farmacisti, cioè hanno una certa idea della Sanità; gli altri sono operai, impiegati, professori di lettere o geografia, pensionati. Ci vuole professionalità, latrano tutti i leader, ci vuole una riforma. Sono due anni che discutono alla Camera di questo radicale indilazionabile cambiamento.

Da una campagna per elezioni politiche ci si aspetterebbero grandi temi, scelte di fondo: gli italiani sarebbero disposti a capire che si amministra un Paese (ma anche un condominio) perseguendo un interesse generale che non è sempre la somma di quelli particolari. Ma i candidati si strappano il consenso di gruppi sempre più piccoli, bussando ai circoli di immigrati, alle polisportive, ai club del tempo libero.

Nell'accattonaggio dell'ultima ora, da segnalare, per l'Oscar dello stomachevole, il ministro delle Poste Antonio Gava. Mentre in tutto l'Occidente gli organici del settore si sono ridotti per l'introduzione delle nuove tecnologie, questo ineccepibile statista sollecita, a una settimana dal voto, l'assunzione di altri novemila dipendenti in deroga alla legge finanziaria. Si sono scandalizzati persino i sindacalisti.

In questa incetta di frattaglie elettorali, i partiti si scontrano però con tutte le leghe, le lighe e le alleanze le quali hanno capito come — nel vuoto di un indirizzo politico — il sogno di tanti italiani sia ormai il governo di categoria. I cacciatori votano per chi forse gli ha promesso di sparare ai piccioni di piazza, le associazioni di pesca fanno un pensiero sui pesci rossi dei giardini pubblici e così via. Bisogna riconoscere la prova di maturità offerta dai camionisti che non si sono costituiti in lega autonoma per un governo dei centosessanta all'ora.

Per coloro che non hanno contrattato il loro voto e non sono neppure militanti e neppure intendono cedere alla tentazione di astenersi, la sensazione precisa, sconfortante è che stavolta non si tratterà di deporre una scheda ma un obolo.

Manca ancora una settimana e siamo già saturi. Di niente.

Li osservo durante la tribuna televisiva: sembrano seduti nello stesso banco di una terza B: lui, Valerio Zanone, anziano gentiluomo piemontese, battuto, umiliato dalla bocciatura («Forse sarò ripescato» si consola con ironia). Lei, Ilona Staller, con ghirlanda, capezzolo in evidenza, guanti ricamati, raggiante per l'indiscusso trionfo, sulle ali del voyerismo sadomasoelettorale. Compita volonterosamente le risposte dattiloscritte, preparatele da un Pannella al suo minimo storico («Ci battiamo perché la luce rossa diventi luce del sole»).

Fedele alla consegna, Ilona Staller pretende di leggere la risposta anche alla domanda che non c'è stata perché il giornalista non ha voluto fargliela. Ogni tanto non rinuncia a guardare nella telecamera per incrociare il nostro sguardo e far apparire allora una punta di lingua fra le labbra.

Provo disagio, quasi una pena sottile. Perché — mi chiedo — non mi sento abbastanza uomo di mondo come l'architetto Bruno Zevi che ha dichiarato che «il nudo della Staller richiamerà il Parlamento all'interesse per certi aspetti della cultura e dell'arte»? E mi viene invece di ribattergli: ma certo, architetto, perché non va a qualche serata di questa venere callipigia facendosi pisciare in testa dal nudo d'arte?

Perché insomma mi scopro così imprevedibilmente codino? Probabilmente perché fra tanti di noi che rovesciano ogni giorno vagoni di letame sulla politica, c'è un inconscio rispetto all'idea del Parlamento, forse al suono di questa parola, al concetto che racchiude. Qualcosa di simile ci è accaduto in queste elezioni: per settimane abbiamo ripetuto che erano una buffonata. Poi abbiamo battuto il record di affluenza. E quando siamo entrati nel seggio, ci han dato una matita e una scheda, hanno pronunciato forte il nostro nome, non siamo riusciti a nascondere un attimo di solennità.

Se quest'oca pornogiuliva ci ha procurato uno sgradevole soprassalto è perché l'abbiamo considerata uno sberleffo a quello scampolo di impegno civile che sopravvive in ciascuno di noi.

Ho sempre pensato che funziona più la satira dello sdegno, che è meglio la sciabola del lanciafiamme. Eppure stavolta non mi dispiace questo barlume di indignazione, ogni tanto bisogna trovare il coraggio e l'umiltà di indignarsi: quando la *trasgressione* si riduce a noia e tran-tran — come in questi ultimi anni — è fatale che diventi provocatorio un po' di conformismo.

Non si può parlare dell'abisso fra classe politica e Paese reale, quando si fa appello al Paese guardone.

Marco Pannella ricorda il mago Houdini: alla esasperata ricerca di numeri sempre più sbalorditivi, annegò dentro il baule calato in mare. Forse anche a Pannella — dopo quest'ultimo numero a sensazione di cui han parlato anche in America — non resta che un baule in diretta.

Che sarebbe accaduto in Italia se alla vigilia delle elezioni «Novella 2000» avesse pubblicato in copertina una foto di Ciriaco De Mita sorpreso all'uscita da un portone con Lorella Cuccarini? L'America s'è indignata per la love story del candidato alla Casa Bianca Gary Hart con la modella Donna Rice. E mi sembra che l'Italia si sia indignata per quest'indignazione: nella nostra longitudine latina non convince l'equazione «bugia alla moglie = potenziale bugia all'elettore». Così come hanno suscitato increduli sorrisi (e solidarietà di fondo) altre storie di uomini politici stranieri che si sono giocati la carriera per una notte d'amore.

Sempre una modella costò la Casa Bianca a Edward Kennedy, mentre se un'ombra pesa sul fratello John, presidente degli Usa, non è tanto per la Baia dei Porci o per il Vietnam, quanto per i suoi diversivi con Marilyn Monroe.

Gli americani in fatto di libertà sessuali fanno scuola: tollerano tutto da tutti. Eccetto che dai candidati politici. A essi offrono la più grande ribalta del mondo, ma pretendono in cambio un rigore trappista: se il sesso è inganno, per l'inganno non c'è confine tra privato e pubblico.

Tutto questo si può chiamare puritanesimo, perbenismo codino. Oppure lo si può chiamare senso dello Stato. «Non sei obbligato ad accettare cariche pubbliche, ma se lo fai e io ti voto e ti consegno agli onori e alla storia, tu devi essere (o quanto meno mostrarti) migliore di me.»

Della stessa logica fecero le spese tanti altri personaggi politici dell'Occidente, dal ministro Profumo in Inghilterra, al tedesco Willy Brandt, il quale era uno splendido leader, ma aveva una splendida segretaria.

Però, che carica vitale in questi scandali made in Usa, in England, in Deutschland. Da noi, se c'è tradimento è a un patto di staffetta. Le infedeltà sono quelle dei franchi tiratori. Le spie telefoniche non smascherano un'amante ma una tangente.

Che liberazione sarebbe uno scandalo d'alcova. Il sesso è l'unico peccato che gli italiani perdonerebbero ai loro eletti, perché lo perdonano a se stessi. Vorrebbero i politici migliori in altri campi, ma non in questo dove invece amerebbero identificarsi. I precedenti insegnano: Vittorio Emanuele II, padre della patria, era anche considerato quasi con orgoglio padre di alcune decine di italiani. A Mussolini si rimprovera tutto, ma non d'aver fatto accomodare le sue intervistatrici in salotto, procedendo subito sul canapè, senza neppure togliersi gli stivali.

Il libertinaggio come redenzione della lussuria del potere. È strano: nessuna delle grandi agenzie di pubblicità mobilitate dai partiti ha consigliato a un leader una love story. Da noi si sarebbe tradotta in un diluvio di preferenze.

SOMMARIO

Finito di stampare nel mese di febbraio 1990
dalla RCS Rizzoli Libri S.p.A. - Via A. Scarsellini, 17 - 20161 Milano

Printed in Italy

BUR
Periodico settimanale: 14 marzo 1990
Direttore responsabile: Evaldo Violo
Registr. Trib. di Milano n. 68 del 1°-3-74
Spedizione abbonamento postale TR edit.
Aut. n. 51804 del 30-7-46 della Direzione PP.TT. di Milano